Martin Werlen

Heute im Blick

Das Buch

„Ein Paukenschlag“: so schrieb Hans Küng über Martin Werlens „Miteinander die Glut unter der Asche entdecken“. Genau darum, um einen positiven Impuls, geht es auch in diesem Taschenbuch, das bei seinem Erscheinen zum Bestseller wurde. Die Frage, die den bekannten Schweizer Mönch und populären Altabt von Einsiedeln umtreibt: Verrät die Kirche nicht ihren Auftrag, wenn sie sich nur auf sich konzentriert? Müsste sie sich nicht intensiv dem Heute, der Zeit zuwenden? Mit brennender Sorge, aber auch mit Leidenschaft und aus einem inneren Feuer heraus geschrieben, lenkt dieses Buch Martin Werlens den Blick auf die zentralen Fragen und weist heilsame, spirituelle Wege, die auch nach innen führen. Gegen Doppelbödigkeit und die Häresie der Äußerlichkeit setzt er eine klare Perspektive der Hoffnung. Ein ermutigendes, prophetisches Buch, das begeistert und aufrüttelt. Und das Staub aufwirbelt (wo er sich abgelagert hat).

Der Autor

Martin Werlen OSB ist Mönch des Klosters Einsiedeln, Novizenmeister und Gymnasiallehrer. Von 2001-2013 der 58. Abt des Klosters Einsiedeln und Mitglied der Schweizer Bischofskonferenz. Autor mehrerer Bücher. Zuletzt „Im Zug trifft man die Welt. Wenn ein Mönch Bahngleichnisse twittert“; „Wo kämen wir hin? Für eine Kirche, die Umkehr nicht nur predigt, sondern selber lebt“.

Martin Werlen

Heute im Blick

Provokationen für eine Kirche,
die mit den Menschen geht

HERDER

FREIBURG · BASEL · WIEN

HERDER spektrum Band 6906

In großer Dankbarkeit unserer Klostergemeinschaft mit Abt Urban Federer (www.kloster-einsiedeln.ch) für die mir geschenkte Sabbatzeit, der Gemeinschaft im Kloster Fahr (www.kloster-fahr.ch), die mich besonders im Gebet mitgetragen hat und den benediktinischen Gemeinschaften, deren Gastfreundschaft ich in dieser Zeit erfahren durfte: St. Martin in Pannonhalma, Ungarn (www.bences.hu/lang/de/) und Dormitio in Jerusalem (www.dormitio.net).

MIX
Papier aus verantwortungsvollen Quellen
FSC® C083411
www.fsc.org

www.herder.de

Umschlagkonzeption: wunderlichundweigand, Stefan Weigand
Umschlaggestaltung: Verlag Herder
Umschlagmotiv: © André Albrecht

Satz: Barbara Herrmann, Freiburg
Herstellung: CPI books GmbH, Leck

Printed in Germany

ISBN 978-3-451-06906-2

Eine kleine Wegweisung

Wir leben in einer sehr spannenden Zeit. Vieles bewegt sich. Vieles verändert sich. Vieles gerät durcheinander. Wie gehen wir damit als glaubende Menschen um? Ich bin überzeugt: Wir leben in einer Gnadenzeit! Gott spielt uns Tag für Tag Bälle zu. Nehmen wir sie wahr? Spielen wir sie weiter?

Mit der Broschüre ‚Miteinander die Glut unter der Asche entdecken' durfte ich im ‚Jahr des Glaubens' (2012/2013) in der Kirche engagierte Menschen ermutigen, trotz aller Versuchung zur Verzweiflung miteinander die Glut unter der Asche zu suchen. Das Feuer unseres Glaubens soll wieder zum Brennen kommen. Das vorliegende Buch im ‚Jahr der Orden' (2014/2015) baut darauf auf. Ich möchte alle Getauften ermutigen und dazu bewegen, sich mit Papst Franziskus auf den Weg zu wagen und in Gemeinschaft mit der ganzen Kirche die Freude des Glaubens zu entdecken.

Für Menschen in der Kirche sind diese Zeilen geschrieben, nicht als wissenschaftliche Abhandlung, sondern als ein erzählendes Unterwegssein, im Vertrauen auf Gottes Gegenwart. Dafür habe ich keine Recherchen gemacht. Ich nehme einfach einige der mir zugespielten Bälle auf und spiele sie weiter. Der Text ist also rein zufällig entstanden. Er spiegelt den Alltag wider. Dazu gehört das Einlaufen genauso wie die Klippen, die es auf dem Weg zu überwinden gilt. Darum begegnen wir Banalitäten zum Schmunzeln, aber auch Todernstem; Peinlichem aber auch zu Tränen Rührendem. Ich hoffe, dass es sich lohnt, trotz allem Mühsamen, das nun einmal zum Weg gehört, dabeizubleiben. Mit dem Voranschreiten entdecken wir Zusammenhänge, die sich letztlich nur einem glaubenden Menschen erschließen können. Und wir beginnen zu staunen.

Ist der Glaubensweg tatsächlich so spannend? Ja! Davon bin ich überzeugt. Heute mehr denn je. Das kann ich selber auch gemeinsam mit anderen erproben, zum Beispiel bei Führungen, in Exerzitien für Ordensgemeinschaften und im Religionsunterricht an unserem Gymnasium. Dabei führe ich jeweils bei der ersten Begegnung eine Regel ein: Wem es langweilig wird, kann den Antrag auf Abbruch stellen. Und die ganze Gruppe stimmt darüber ab. Wenn wir es fertigbringen, unseren Glauben als etwas Langweiliges darzustellen, halten wir besser inne. Dann tut uns und den andern eine Sabbatzeit gut.

Der hier skizzierte Weg ist einmalig, genauso wie der Lebensweg jedes Menschen einmalig ist. Ich hoffe, dass dieses Buch hilft, den eigenen Lebensweg als immer wieder überraschenden Weg in Gottes Gegenwart zu entdecken, aber auch gemeinsam den Weg christlicher Gemeinschaften (Klöster, Pfarreien, Gemeinden, Diözesen usw.) und Institutionen (Räte, Vereine, Verbände usw.). Dazu möchte ich überraschen, anregen, provozieren, herausfordern, Staub aufwirbeln (wo es Staub gibt). Vor allem soll dieses Buch aber enttäuschen. Denn eine Ent-Täuschung gibt es nur dort, wo man in einer Täuschung gelebt hat. Täuschungen sind die größten Hindernisse auf unserem Weg. Sie versperren uns oft den Blick auf das Wesentliche.

Alles klar? Hoffentlich nicht. Denn immer dann, wenn alles klar ist oder wir alles im Griff haben, sind wir nicht mehr auf dem Weg. Darum wird hier erzählt, was wir als glaubende Menschen leider immer wieder vergessen: Eine Kirche, in der alles klar ist, ist nicht katholisch.

I

‚Altabt von Einsiedeln fährt einen Lexus!‘ Schlagzeilen interessieren. Sie schlagen manchmal ganz gehörig ein – vor allem, wenn wir selbst betroffen sind. Sie provozieren. Für viele Menschen ist es ein Schreck, plötzlich alle Aufmerksamkeit auf sich gerichtet zu sehen. Das gilt auch für Menschen, die große Verantwortung tragen. Schlagzeilen richten den Blick vieler Menschen auf Wichtiges oder Nebensächliches. Was wir heute im Blick haben, beschäftigt uns. Es prägt uns und unsere Wahrnehmung der Wirklichkeit. Das gilt auch für Schlagzeilen über die Kirche.

Die eingangs zitierte Schlagzeile war in Ungarn in einem Kloster im Umlauf, zu Beginn meiner halbjährigen Sabbatzeit. Und die Aussage traf tatsächlich zu. Ich kam auf dem Platz vor dem Benediktinerkloster Pannonhalma an. Sofort rannte ein Herr zu mir, der offensichtlich das Hobby pflegt, bedeutenden Persönlichkeiten nachzulaufen. Er erkundigte sich außer Atem, was für ein wichtiger Mönch ich sei. Er wollte sogar ein Autogramm. „Ich bin ein ganz gewöhnlicher Mönch. Warum meinen Sie, dass ich so wichtig sei?“ – „Weil Sie mit einem Lexus fahren und einen Chauffeur haben.“ Ich musste den Herrn einerseits enttäuschen und durfte ihn andrerseits überraschen. Die Enttäuschung: Ich wusste nicht einmal, dass ich mit einem Lexus gefahren war. Die Überraschung: Ich war schlicht und einfach beim Autostoppen am Fuß des Hügels, auf dem das Kloster steht, von diesem Fahrer in seinem Nobelwagen mitgenommen worden. Dass eine Führungspersönlichkeit in der Gesellschaft oder in der Kirche Autostopp macht, ist in Ungarn fast unvorstellbar. Über das Vorgefallene musste man sogar in einem Kloster schmunzeln. Die ‚Schlagzeile' war ein humorvoller Umgang mit dieser Überraschung: ‚Altabt von Einsiedeln fährt einen Lexus!'

Ein anderes Mal war ich per Autostopp in der Schweiz unterwegs. Eine große Bank hatte mich zu einem Vortrag eingeladen. Welche Schlagzeile wäre wohl in der Zeitung gestanden, hätte der Journalist gewusst, dass der Mönch, den er chauffiert hatte, das Referat hält und nicht derjenige, der gleichzeitig per Helikopter ankam?

Am Schluss meiner Sabbatzeit erregte wieder etwas verblüffte Aufmerksamkeit, auch hier in einem kleinen Kreis: ‚Mönch fährt mit Ferrari!' Wie ist es dazu gekommen? Ich durfte einem jungen Palästinenser besondere Orte in der Schweiz zeigen. Für eine Woche hatte der Mann ein Visum erhalten. In Lugano konnte ich ihn überzeugen, dass es auch im Regensommer in der Schweiz Sonnentage gibt. Wir saßen eine halbe Stunde am See (er war überrascht, dass keine Polizisten kamen und ihn, den Palästinenser, ausfragten). Anschließend schlenderten wir durch die beeindruckenden Gässchen der Altstadt. Plötzlich standen wir vor einem neuen roten Ferrari. Jugendliche bestaunten den tollen Wagen. Ich machte meinem Gast den Vorschlag zu einem gemeinsamen Scherz: Wir gehen in größter Selbstverständlichkeit zum Ferrari – er zur Türe des Beifahrers, ich im Mönchskleid mit einem Schlüsselbund in der Hand zur Türe des Fahrers. Einfach so tun als ob. Gesagt, getan. Da staunten die Jugendlichen noch mehr. ‚Mönch fährt mit Ferrari!' Doch das blieb nicht lange in der Luft hängen. Ausgerechnet in diesem Augenblick kam der Besitzer zurück. Da staunten auch wir beide. Beim Wegfahren hat uns der Besitzer deutlich zu hören gegeben, 1. dass er keinen Spaß versteht, 2. wem der Wagen gehört und 3. dass hier niemand so tun soll als ob.

II

Schlagzeilen lassen aufhorchen. Sie provozieren. Sie rütteln uns auf in unserer Routine und Oberflächlichkeit. Denn auch wir gehören oft zu einem widerspenstigen Volk: Wir haben Augen und sehen nicht; wir haben Ohren und hören nicht.[1] Zudem ist unsere Wahrnehmung geprägt von den bisherigen Erfahrungen. Neue Einsichten haben es deshalb nicht leicht, den Weg zu uns Menschen zu finden. Schlagzeilen müssen zugespitzt formuliert werden, sollen sie wirklich ankommen. Das ist nichts Neues. Seit jeher ist dies eine Kunst der Menschen, die eine Botschaft weitertragen wollen.

Auch Jesus war damals ständig in den Schlagzeilen. Allerdings nicht, wie man vermuten könnte, weil ihm zu viel Frömmigkeit vorgeworfen wurde, sondern zu wenig. Er passte den religiösen Führern nicht ins Konzept. Er war ihnen zu viel bei den Menschen, zudem bei solchen, die in der Öffentlichkeit verachtet waren. Er wagte es sogar, sie zu kritisieren, nicht etwa die Sünderinnen und Sünder, sondern sie, die sich auf Gott beriefen. Und das Schlimmste für die geistlichen Autoritäten: Mit einer solchen Haltung und solchem Verhalten schien er den Anspruch zu erheben, dass *er* Gott sei. Solche Schlagzeilen sehen wir, wenn wir in den Evangelien lesen. Das Verbot Jesu, das Erfahrene weiterzuerzählen,[2] hat – wie wir aus eigener Erfahrung wissen – wahrscheinlich viel dazu beigetragen, dass das Geschehene bald im Blick der Menschen war.

Schlagzeilen kommen an. Aber manchmal fehlen bei den Hörenden die Hintergründe oder die Bereitschaft, das Wahrgenommene auch richtig zu verstehen. Oft schauen wir nicht dahinter. Wir bleiben einfach bei den Schlagzeilen stehen. Der heilige Benedikt weiß um diese Tendenzen. Er ruft uns auf, mit offenen Augen und aufgeschreckten Ohren durchs Leben zu gehen.[3] Das gilt auch und besonders für das Leben in der Kirche. Und genau diese Haltung vermissen viele Menschen in der Kirche. Dessen werden wir uns meistens erst dann bewusst, wenn wir mit Beispielen konfrontiert werden, die nicht leicht unter den Teppich gewischt werden können. Das soll und muss gewagt werden – aus Liebe zu den Menschen, zu denen die Kirche von Gott gesandt ist. Auch wenn das nicht allen gefallen wird. So schreibt der heilige Giovanni Leonardi (1541–1609) nach dem Konzil von Trient in aller Deutlichkeit in seiner ‚Denkschrift' an Papst Paul V.: „Wer eine ernsthafte religiöse und moralische Reform durchführen will, muss vor allen Dingen wie ein guter Arzt eine sorgfältige Diagnose der Übel erstellen, unter denen die Kirche leidet, um so für jedes von ihnen das angemessenste Heilmittel zu verschreiben."[4] Werden nicht konkrete Beispiele genannt, dann bewegt sich kaum etwas. Es bleibt theoretisch. Und damit sind wir schnell einverstanden. Die konkreten Beispiele sollen herausfordern, manchmal zum Schmunzeln bringen, aber nicht zum Verurteilen einladen. Sie sollen ermutigen, die Bremsen zu lösen.

III

Ein engagierter Pfarrer klagte mir, dass die Menschen gegenüber der Botschaft der Kirche immer gleichgültiger seien, wenn nicht sogar ablehnender. Beim Predigen habe er den Eindruck, sie würden sich geradezu verschließen. Es scheine sie nicht zu interessieren. Kaum ein Zeichen von Aufmerksamkeit. Aber wenn es um Nebensächlichkeiten gehe, würden sie sehr wohl zuhören. Das ärgere ihn jeweils am Schluss des Gottesdienstes bei der Mitteilung verschiedener Informationen.

Eines ist klar: Die Leute sind nicht schwerhörig. Sie sind auch nicht unfähig zu hören oder sogar uninteressiert. Zumindest am Schluss des Gottesdienstes hören sie aufmerksam zu. Warum? Hier erwarten sie etwas, was sie interessiert; etwas, was ihr Leben betrifft. Es hat mit ihrem Alltag zu tun. Das scheint offensichtlich bei der Predigt nicht der Fall zu sein.

Solche und ähnliche Erfahrungen gibt es viele in unserem Leben. Wir können darüber klagen. Wir können aber auch selbst hörender werden. Um beim Beispiel des Pfarrers zu bleiben: Er kann beim nächsten Gottesdienst nach dem Evangelium in einem Satz anbringen, dass er am Schluss etwas Wichtiges zu sagen habe und darum jetzt auf die Predigt verzichte. Eines ist gewiss: Alle werden ganz Ohr sein, selbst an dieser Stelle des Gottesdienstes, an der normalerweise alle die Tätigkeit ihrer Ohren einstellen. Allerdings muss das, was er dann am Schluss des Gottesdienstes sagt, tatsächlich wichtig sein. Es muss mit dem konkreten Leben der anwesenden Menschen zu tun haben. Ansonsten werden sie bald einmal auch bei den Informationen am Schluss der Feier nicht mehr zuhören.

Wenn die Menschen mit der Verkündigung des Evangeliums nichts mehr anfangen können, so vielleicht nicht so sehr wegen Verschlossenheit oder Schwerhörigkeit, sondern wegen der Art und Weise der Verkündigung. Für diese Vermutung spricht die Erfahrung mit Papst Franziskus. Die Menschen hören ihm zu – sogar bei der Predigt. Er legt das Evangelium mit Wort und Tat für ihr Leben aus. Er ist mit den Menschen im Gespräch. Allerdings freuen sich nicht alle darüber. Vor allem zwei Menschengruppen stören sich daran: zum Fanatismus neigende Katholiken und zum Fanatismus neigende Atheisten (zu welcher Gruppe nörgelnde und in Unruhe versetzte Priester gehören, bleibe dahingestellt[5]). Sie sind einander wohl viel näher, als sie sich dessen bewusst sind. Das zeigt sich zum Beispiel darin, dass sie noch weniger Sinn für Humor haben, als der bereits erwähnte Ferrari-Besitzer. Sarkasmus und Zynismus aber kennen sie zur Genüge. Zerstörerisch sind diese Haltungen. Humor aber ist, wenn man trotzdem liebt. Und das baut auf.

IV

Die hier vorliegenden Gedanken sind eine Provokation. Der Begriff ‚vocatio' ist darin enthalten: Ruf, Berufung. Und das ‚pro' sagt klar aus, dass die Berufung in positiver Weise herausgefordert und gefördert wird. Diese Gedanken wollen bewegen. Sie wollen eine Pro-Vokation sein.

Hinter allen Provokationen und pointierten Ermutigungen in diesem Buch steht das Bemühen, mit offenen Augen und aufgeschreckten Ohren (trotz allem) liebend durchs Leben zu gehen. Für mich selber ist dieser Weg besonders geprägt durch persönliche Erfahrungen seit 2011 bis heute. In verschiedenen Ländern durfte ich in dieser Zeit Fragen des Lebens und des Glaubens nachgehen: Deutschland, Israel, Italien, Malta, Österreich, Palästina, Portugal, Schweden, Schweiz und Ungarn. Was ich in diesen ganz unterschiedlichen Ländern lernen konnte, kann überall fruchtbar gemacht werden. Wenn immer möglich, war ich mit den öffentlichen Verkehrsmitteln unterwegs. Es bewahrheitete sich: „Wer im Auto unterwegs ist, bleibt in seinen eigenen vier Wänden; wer im Zug reist, begegnet der ganzen Welt."[6] Dabei habe ich viele Zufälle erlebt. Zufall ist ein großartiges Wort, obwohl es vielen gläubigen Menschen nicht gefällt. Was ist ein Zufall? Wenn bei einem Referat über ‚Heute im Blick' plötzlich eine Tomate geflogen kommt und eine Journalistin davon ein Foto macht, könnte man diesem Bild den Titel ‚Zufall' geben. Im Leben geben wir uns leider oft mit dieser Erklärung zufrieden. Vernünftige Leserinnen und Leser aber möchten mehr wissen: Woher kommt dieser Zu-Fall? Viele Zufälle, die wir erfahren, sind ein Geschenk Gottes (gelegentlich sogar eine Tomate). Das heißt Gnade. Aber leider übersehen wir Gottes Gegenwart oft. Vor einigen Jahrzehnten habe ich mir angewöhnt, jeden Abend vor dem Einschlafen Gott für drei Zufälle im zu Ende gehenden Tag zu danken. Meistens sind es nicht spektakuläre Ereignisse, gelegentlich aber schon. Diese tägliche Übung hilft mir. Ich versuche darum, bei Stürmen und nach oft langem Ringen nicht Mauern zu bauen, sondern Windmühlen. Dieses Bild verdanke ich übrigens einem chinesischen Sprichwort, das mir in einem Restaurant auf einem Zuckerpäckchen zugefallen ist.

V

Ich durfte in den vergangenen drei Jahren die Tiefen und die Höhen menschlichen Lebens erfahren wie nie zuvor: in meinem eigenen Leben, in Begegnungen mit Menschen, in Kunstwerken, in mir geschenkter Lektüre und im Gebet. Überströmende Lebensfreude begegnete mir genauso wie größte Not, oft sogar am selben Tag. Viele Lichter sind mir aufgegangen. Es gab aber auch große Dunkelheit. Besonders schmerzlich war die Erfahrung der Ohnmacht: Größter Ungerechtigkeit begegnen und wie gelähmt danebenstehen; Menschen leiden sehen und nicht einmal einfach da sein können; da sein und nicht verstanden werden.

Immer wieder konnte ich erfahren, wie Menschen in unterschiedlichsten Situationen die Kirche wahrnehmen: Getaufte aus verschiedensten Konfessionen, Angehörige anderer Religionen, Atheisten. In unmöglichen Situationen begegnete ich oft der Versuchung, wegzuschauen oder zu verurteilen. In solchen Momenten wurde mir wieder bewusst, wie wahr es ist, dass wir an den anderen nur verurteilen, was uns selbst nicht wirklich fremd ist.

In der mir geschenkten Zeit ist etwas von dem Wirklichkeit geworden, wozu Papst Franziskus die Ordensleute aufruft: „Eine Zeit lang an die Peripherie gehen, um wirklich die Realität zu kennen und das Leben der Menschen. Wenn das nicht passiert, riskiert man, abstrakte Ideologen oder Fundamentalisten zu sein, und das ist nicht gesund.“[7] Auf diesem Weg habe ich mich auch – gewollt oder ungewollt – an sehr gefährliche Orte gewagt. Aber es sind Orte, die für viele Menschen einfach Alltag sind. Die Menschen dort waren mir besondere Lehrmeisterinnen und Lehrmeister.

Die vielen Erfahrungen können nicht in einem kleinen Buch umfassend dargestellt werden. Allzu umfangreich sollte es nicht werden. Es soll ein Zufall sein, der aufrüttelt, aber niemanden erschlägt. Gemessen an der Wirklichkeit bleiben die Aussagen weitgehend Schlagzeilen. Sie genügen nicht. Keinesfalls. Sie wollen vielmehr überraschen, herausfordern, anregen. Sie haben sich gelohnt, wenn sie bewegen, selbst mit offenen Augen und aufgeschreckten Ohren durchs Leben zu gehen. So können wir – Gott suchend – uns selbst und die andern neu entdecken.

VI

Dieses Buch ist eine Frucht eines besonderen Jahres in der katholischen Kirche, dem ‚Jahr des Glaubens 2012/2013'. Das mag überraschen. Denn immer wieder behaupten besser wissende Stimmen, das Jahr des Glaubens hätte nichts bewirkt. Ist dem tatsächlich so? Werfen wir einen kurzen Blick zurück.

Im Oktober 2011 veröffentlichte Papst Benedikt XVI. ein überraschendes Dokument: ‚Porta fidei'.[8] Schon der erste Satz war ungewohnt: „Die Tür des Glaubens … steht uns immer offen." In diesem Schreiben kündigte der Papst für 2012/2013 ein ‚Jahr des Glaubens' an. Papst Benedikt nahm die Situation der Kirche wahr und hoffte, „wieder die Freude am Glauben zu entdecken und die Begeisterung in der Weitergabe des Glaubens wiederzufinden."[9] Mir war klar: Dieser Hoffnung müssen wir uns anschließen und als Getaufte miteinander die Freude des Glaubens neu entdecken.

Bevor ich an die nähere Planung gehen konnte, lag ich wegen eines schweren Sportunfalls mehrere Wochen in Kliniken.

Ich machte die Erfahrung der Sprachlosigkeit und Hilflosigkeit. Durch harte Arbeit mit hervorragender professioneller Begleitung und der Unterstützung vieler Menschen mit ihrem Gebet wurde mir die Gabe der Sprache wiedergeschenkt. In den ersten Wochen wusste ich etwa, dass ich das Vaterunser kenne. Aber ich konnte das Gebet nicht mehr sprechen, nicht einmal mitsprechen. Einfachste Wörter, die mir vertraut waren, schrieb ich mit Fehlern. Mit dem Sprechen begann ich, wenn ich mit Menschen zusammen war, denen ich vertraute. Bereits im September 2012 durfte ich dann an einem Kongress der Benediktineräbte in Rom teilnehmen. Jeden Tag verbrachte ich – wie ich das bei allen Romaufenthalten seit Jahren jeweils tat – viel Zeit beim Grab von Papst Johannes XXIII. (1881–1963). Dort schrieb ich die Gedanken nieder, die mir in diesen Gebetszeiten geschenkt wurden.

Daraus entstand ein Text, mein Eröffnungsreferat zum ‚Jahr des Glaubens' und zur Feier ‚50 Jahre Zweites Vatikanisches Konzil' am 21. Oktober 2012 in der Einsiedler Klosterkirche. Unser Stiftsorganist improvisierte dazu auf der Orgel immer wieder überraschende Zwischenrufe. Das Grußwort sprach Martin Kopp (Generalvikar der Diözese Chur für die Urschweiz). Welche prophetische Dimension dieses Grußwort hatte, konnte damals niemand ahnen: „Das ist es wohl, was wir meinen, wenn wir von Neuevangelisierung reden: denen, die mit uns leben und oft so fern scheinen, das Evangelium eröffnen durch unser eigenes Leben, nennen wir es ruhig Zeugnis, sodass wir die Frohe Botschaft mit ihnen teilen. Und mitten im Teilen werden wir uns selber vom Evangelium neu formen lassen! Die Frage schließt sich da freilich ganz nahe an: *Leben* wir nah genug bei den Menschen? Leben und Evangelium teilen, kann nur durch Nähe geschehen. So wollte es Franziskus im Mittelalter: in der Nähe zum Armen die Freude am Herrn finden, und so nicht mehr und nicht weniger tun, als das Evangelium leben. Und ähnlich war es schon viel früher beim Vater auch der Einsiedler Mönche: bei Benedikt, der mitten in den Umbrüchen der Zeit den Weg des Evangeliums erschließen wollte. Die Initiative heute bleibt die gleiche. Disziplin aber, neu eingeschärft, und Abgrenzungen, um einen verbliebenen Rest vermeintlich gesund zu erhalten, sind unbeholfen, wahrscheinlich kontraproduktiv. Das fleischgewordene Wort Gottes wirkt anders."[10] Bischöfe können dankbar sein, solche Mitarbeiter im Weinberg Gottes zu haben!

VII

Aufgrund des großen Interesses bereits am selben Tag erschienen das Grußwort und das Referat im November 2012 in überarbeiteter und erweiterter Fassung als Broschüre mit dem Titel: ‚Miteinander die Glut unter der Asche entdecken'. In deutscher Sprache gab es in wenigen Wochen sechs Auflagen und innerhalb eines halben Jahres folgten Übersetzungen in verschiedene Sprachen.[11] In der Folge wurde die Publikation in unterschiedlichsten Kreisen zustimmend, ablehnend oder anregend diskutiert.[12] In vielen Artikeln und Büchern wurden Gedanken aus der Schrift aufgenommen.[13] Pfarreien und Gemeinschaften über die Landesgrenzen hinaus stellten das ‚Jahr des Glaubens' unter das Motto dieser Schrift. Ich wurde auch zu vielen Vorträgen und Einkehrtagen im In- und Ausland eingeladen. Noch heute treffen Einladungen ein. Einzelne kann ich wahrnehmen, den meisten muss ich eine Absage erteilen.

In einer Stadt in einem benachbarten Land lud mich eine Ortsgruppe des Verbandes Katholisches Landvolk ein. Inmitten der großen Schar interessierter Menschen saß die Theologin des Ortsbischofs mit aufgeschreckten Ohren. Sie konnte anschließend ihrem verängstigten Auftraggeber berichten und ihn hoffentlich mit der Botschaft beruhigen, dass weit mehr Menschen Interesse an einer lebendigen Kirche haben, als er vermutet. Ob sie zum nächsten Referat wiederum kommt, zu dem eine Einladung bereits vorliegt? Ich würde mich freuen. Vielleicht kommt sie sogar mit dem Bischof. Das könnte ein neuer Anfang in der Diözese werden. Viele Menschen warten darauf.

VIII

Das Schreiben, mit dem Papst Benedikt das ‚Jahr des Glaubens' ankündigte, ist Programm für die Kirche, weit über die Amtszeit von Papst Benedikt hinaus. Leider ist das prophetische Wort weitgehend untergegangen, nicht zuletzt wegen eines bald folgenden Schreibens der Glaubenskongregation zum ‚Jahr des Glaubens', das von einem abschließenden und administrativen Ton geprägt war.[14] Von der Freude des Glaubens ist darin nicht viel zu spüren, auch nicht von der offenen Türe des Glaubens. Die vermittelte Botschaft: Eigentlich ist alles klar; haltet euch einfach daran! Es scheint, dass die Verfasser dieses Schreibens sich von Papst Benedikt kaum inspirieren ließen. Denn dieser sagte klipp und klar: „Die Kirche als ganze und die Hirten in ihr müssen sich auf den Weg machen."[15] Das hatte er bereits in der Messe zum Beginn seines Pontifikats gesagt. Für ihn war also klar:

Auch die Hirten müssen sich auf den Weg machen. Das ist Programm. Dazu hat übrigens der bereits zitierte heilige Giovanni Leonardi aufgerufen: „Die Erneuerung der Kirche muss gleichermaßen die Ersten und die Letzten, die Oberen und die Unteren betreffen. Sie muss bei denen beginnen, die befehlen, und sich sodann auf die Untergebenen erstrecken. Kardinäle und Patriarchen, Erzbischöfe, Bischöfe und Pfarrer müssen solcherart sein, dass man sich für die Führung der Herde des Herrn ganz auf sie verlassen könnte."[16] Selbstverständlich erging diese Ermahnung besonders an den Papst, dem er sie schrieb.

Päpste überraschen auch im 21. Jahrhundert. Die größte Überraschung bereitete Papst Benedikt am 11. Februar 2013, als er sich auf eine völlig überraschende Weise auf den Weg machte und seinen Amtsverzicht bekanntgab. Damit kam ins Rollen, was sich kaum jemand auch nur erträumen konnte.

Die nächste große Überraschung folgte bald. Am 13. März 2013 wurde der Erzbischof von Buenos Aires von den Kardinälen zum neuen Papst gewählt: Der erste Jesuit, der Bischof von Rom wird, und der erste Bischof von Rom, der den Namen Franziskus wählt. Papst Franziskus überraschte die Öffentlichkeit von seinem ersten Auftritt an: Mit auffallend einfacher Kleidung erschien er auf der Loggia des Petersdomes. Er begrüßte die vielen Menschen mit einem herzlichen ‚Buonasera'. Er bat die Versammelten ums Gebet für ihn und verneigte sich dazu vor dem Volk.[17] Ist das nicht geradezu eine Einladung, einmal das Gebet für Papst Franziskus am Schluss dieses Buches im Abschnitt C vor Gott zu tragen? Immer wieder betont Papst Franziskus seit seinem ersten Auftritt mit Worten und Gesten, dass unser Gott ein Gott der Überraschungen ist.

IX

Überraschend ist eigentlich, dass uns das überrascht. Tatsächlich beten wir seit jeher: „Sende aus deinen Geist, und alles wird neu geschaffen, und du wirst das Antlitz der Erde erneuern!“ Und doch nehmen viele Menschen – innerhalb und außerhalb – die Kirche so wahr, dass alles beim Alten bleibt. Wir wagen kaum neue Schritte. Wir haben uns an die Kirche und an unser Glaubensleben gewöhnt. Es läuft einfach wie gehabt. Das ist gefährlich, sogar lebensgefährlich. Der große Geigenbauer Martin Schleske sagt: „Es ist eine subtile Form des Unglaubens, wenn man sich an das, was man glaubt, gewöhnt hat. … In der Gewöhnung ist die Seele ohne Hoffnung und der Geist ist ohne Fragen.“[18] Eine solche Kirche riecht nach Tod und hat nicht den Geschmack von Auferstehung. Die Menschen verabschieden sich von ihr, weil sie merken, dass dies nichts mit ihrem Leben zu tun hat. Propheten des Todes haben sie sonst bereits zur Genüge.

Wenn wir als Kirche festgefahren sind, dann riecht es auch drinnen nach Tod. Wir beginnen über die schlimme Zeit zu klagen: dass es nicht so ist, wie es sein sollte; dass es nicht so ist, wie es immer war. Wir verurteilen die andern. Dabei merken wir nicht, dass es *uns* am Glauben fehlt, und nicht den anderen. Eine Erzählung aus Russland, die ich in meiner Einführungszeit ins Mönchsleben gelesen habe, fällt mir ein, wenn ich mich beim Verurteilen ertappe: „Mein Sohn, gegenüber unseren lieben Brüdern anderer Schicksalswege übe große Güte. Nie lass dich ein in Lästerung, Unterdrückung oder gar Nachstellungen. Lass mich im Gleichnis zu dir sprechen: Was ist die Schöpfung anderes als eine einzige gewaltige Sinfonie. Jede Stimme und jeder Instrumentenklang, ob sie laut oder leise, fein oder unschön, traut oder peinlich dein Ohr berühren, schwingen mit im grenzenlosen Erbarmen. Früher ... war auch ich viel zu wenig duldsam beim Anhören fremder Weisen: ‚Wozu dein straffes Staccato?' – fragte ich gereizt Feodor zur Linken. – ‚Wie kann man ein derart sentimentales Adagio spielen?' kritisierte ich Jelisaweta zur rechten Hand. – ‚Ist das Crescendo wohl am Platz, das Alexej sich anmasst?' lauerte mein Ohr. – ‚O, dieses weltliche Balalaikageklimper! Ach, jenes Geigentremolo! – Und erst Alexandra! Könnte sie ihren Sopran nicht in straffere Zügel nehmen?' – So nörgelten meine Gedanken. Da spürte ich mit einemmal die Augen des Dirigenten ernst auf mich gerichtet: ‚Ho, ho! – du singst ja falsch!' rief er mir zu – und dann, auf mein erstauntes Gesicht hin, ‚ja, ja, dich meine ich! Merkst du denn nicht, wie du die andern Musiker störst!' Nein, wahrhaftig, ich hatte es nicht gemerkt, viel zu sehr war ich mit den Fehlern der andern beschäftigt. So ist es, Freund. Gib besser auf dich selber acht. Dein Seelengesang sei ein heiterer Klang immerwährender Güte, grenzenlosen Erbarmens. Unsere geliebten Brüder aber lass deinem Gebet empfohlen sein, damit auch sie die Winke des göttlichen Dirigenten verstehen mögen."[19] Dann beginnt es nach Auferstehung zu schmecken.

X

Und doch dürfen wir zu Fehlern und Haltungen, die Leben lähmen oder zerstören, nicht einfach schweigen. „Er hasse das Böse und liebe die Brüder", legt der heilige Benedikt dem Abt ans Herz.[20] Mit dieser Haltung sprach der heilige Papst Johannes XXIII. in seiner Eröffnungsansprache des Zweiten

Vatikanischen Konzils Defizite in aller Deutlichkeit an: „In der täglichen Ausübung unseres Hirtenamtes verletzt es uns, wenn wir manchmal Vorhaltungen von Leuten anhören müssen, die zwar voll Eifer, aber nicht gerade mit einem großen Sinn für Differenzierungen und Takt begabt sind. In der jüngsten Vergangenheit bis zur Gegenwart nehmen sie nur Missstände und Fehlentwicklungen zur Kenntnis. Sie sagen, dass unsere Zeit sich im Vergleich zur Vergangenheit nur zum Schlechteren hin entwickle. ... Wir müssen diesen Unglückspropheten widersprechen, die immer nur Unheil voraussagen, als ob der Untergang der Welt unmittelbar bevorstünde." Seinem Privatsekretär Capovilla, von Papst Franziskus im Februar 2014 zum Kardinal ernannt, hat der heilige Papst Johannes XXIII. nach der Konzilseröffnung anvertraut: „Ich habe immer wieder aufmerksam auf meinen Freund zur Rechten hinübergeblickt"[21] – und dieser Freund war niemand Geringerer als Kardinal Ottaviani, der fromme und strenge Hüter über den Glauben, heute wäre er der Präfekt der Glaubenskongregation. Die Ansprache zur Eröffnung des Zweiten Vatikanischen Konzils ist auch heute noch aktuell. Und auch Papst Franziskus hat Grund, immer wieder auf seine Freunde zur Rechten hinüberzublicken. Ob nicht Papst Franziskus für die Heiligsprechung von Papst Johannes XXIII. deswegen von dem Nachweis eines Wunders dispensieren konnte, weil sein Vorgänger Kardinal Ottaviani neben sich erduldete?

Für den Papst „vom Ende der Welt" ist Johannes XXIII. in vielem Vorbild. Er greift einige Herzensanliegen dieses großen Heiligen auf. Auch der jetzige Bischof von Rom nimmt die Situation der Kirche wahr – nicht zuletzt dank des Austausches unter den Kardinälen unmittelbar vor der Papstwahl[22] – und stellt sich ihr. Und er möchte uns alle mitreißen.

Darum veröffentlichte er Ende 2013 das Apostolische Schreiben ‚Evangelii gaudium – Über die Verkündigung des Evangeliums in der Welt von heute'.[23] So lesen wir dort: „In diesem Schreiben möchte ich mich an die Christgläubigen wenden, um sie zu einer neuen Etappe der Evangelisierung einzuladen, die von dieser Freude geprägt ist, und um Wege für den Lauf der Kirche in den kommenden Jahren aufzuzeigen."[24] Wen wird es überraschen: Es ist ein Schreiben voller Überraschungen! Es wird hier oft zitiert, in der Hoffnung, dass dies zur Lektüre des ganzen Schreibens motiviert.

XI

Papst Franziskus ist sich bewusst, dass es nicht einfach ist, die Kirche zu bewegen. Und doch: „Mir ist eine ‚verbeulte' Kirche, die verletzt und beschmutzt ist, weil sie auf die Straßen hinausgegangen ist, lieber, als eine Kirche, die aufgrund ihrer Verschlossenheit und ihrer Bequemlichkeit, sich an die eigenen Sicherheiten zu klammern, krank ist."[25]

Viele in der Kirche haben Angst, mutige Schritte der Treue in die Zukunft zu tun. Eines ist klar: Es geht dem Papst nicht um konservativ oder progressiv. Beide Gruppierungen möchten den Papst für sich beanspruchen, die ‚Progressiven' genauso wie die ‚Konservativen'. Sie gleichen einander übrigens mehr, als ihnen lieb ist. Das wissen sie allerdings nicht, denn sie kennen einander kaum – außer vom Hörensagen. Beide erwarten, dass der Papst von oben herab ein Machtwort spricht und ihre Anliegen durchsetzt. Papst Franziskus enttäuscht sie in ihren Erwartungen. Ihm geht es um etwas ganz anderes, das offensichtlich für beide

Seiten immer wieder eine enttäuschende Überraschung ist: Als Volk Gottes miteinander auf dem Weg entdecken, was Gott heute von der Kirche will. Es geht nicht um Macht, schon gar nicht um ‚von oben herab'. Das schreibt Papst Franziskus für viele enttäuschend, aber überraschend deutlich in ‚Evangelii gaudium': „Es ist klar, dass Jesus Christus uns nicht als Fürsten will, die abfällig herabschauen, sondern als Männer und Frauen des Volkes. Das ist nicht die Meinung eines Papstes, noch eine pastorale Option unter möglichen anderen. Es sind so klare, direkte und überzeugende Weisungen des Wortes Gottes, dass sie keiner Interpretation bedürfen, die ihnen nur ihre mahnende Kraft nehmen würde."[26] Es geht also nicht ums Rechthaben wollen von links oder von rechts; es geht um die immer wieder neu gesuchte und vertiefte Treue zu Jesus Christus.

XII

Wir dürfen miteinander die Freude des Glaubens neu entdecken und diese als Beschenkte der nächsten Generation weitergeben, nicht von oben herab, sondern miteinander auf dem Weg. Dass die Angst unberechtigt ist, dabei an Autorität zu verlieren, zeigt uns Papst Franziskus Tag für Tag. Auch wir dürfen uns den Situationen stellen, wie sie nun einmal sind. Was er zu Ordensoberen gesagt hat, gilt auch für ihn selbst und für die Bischöfe auf dem Weg der Erneuerung: „Ausbildung ist ein Handwerk, kein Polizeiwerk. Wir müssen das Herz bilden. Sonst schaffen wir kleine Monster. Und diese kleinen Monster formen das Volk Gottes. Das macht mir wirklich Gänsehaut."[27]

Es braucht eine neue Kultur in der ganzen Kirche. Es geht nicht einfach darum, dass in Rom an einem Schalter gedreht wird. „Die meisten Ziele erreicht man nicht mit einem Schnellzug."[28] Alles Große im Leben geschieht nicht durch Manipulation eines Schalters, sondern durch – manchmal auch schmerzvolle – Prozesse. In diesem Zusammenhang beeindruckt mich die Vision von der Wiederbelebung der Totengebeine im Buch Ezechiel, die uns drastisch vor Augen führt, dass Gott Tote lebendig machen kann.[29] Johann Sebastian Bach setzt diesen Prozess im Credo der h-Moll-Messe musikalisch um.[30] Am Schluss des Satzes ‚Confiteor unum baptisma in remissionem peccatorum' (Ich bekenne die eine Taufe zur Vergebung der Sünden) werden die Worte des nächsten Satzes ‚et expecto resurrectionem mortuorum' (ich erwarte die Auferstehung der Toten) bereits aufgenommen und vorbereitet. [Hörbeispiel 1 www.kloster-einsiedeln.ch/HeuteimBlick] Es ist in der Tat ein grandioser Übergang. In 24 Takten durchschreitet Bach in für seine Zeit kühnster Harmonik und in dichtester Folge von Modulationen den gesamten Quintenzirkel, der seinerseits 24 Tonarten umfasst. Die Zahl 24 erinnert uns an das Ende der Welt, das Ende aller Zeiten. Und die Modulationen versinnbildlichen die totale Verwandlung, die das menschliche Leben in der Auferstehung erfährt. Beim Zuhören spürt man die Kraft Gottes, die die Toten verwandelt. Wir erfahren, dass die Auferstehung ein schöpferischer Akt Gottes ist – eine höchst spannende und überraschende Angelegenheit. Der heilige Paulus schreibt an die Gemeinde in Philippi: „Unsere Heimat ist im Himmel. Von dorther erwarten wir auch Jesus Christus, den Herrn, als Retter, der unseren armseligen Leib verwandeln wird in die Gestalt seines verherrlichten Leibes."[31] So heißt es auch treffend in einer Präfation:

„Denn deinen Gläubigen, o Herr, wird das Leben gewandelt, nicht genommen."[32] Gegen Schluss des musikalischen Satzes ist von den Toten die Rede, die verwandelt werden: Ich erwarte die Auferstehung der *Toten*. Dann aber wird es im nächsten Satz klar: Ich erwarte die *Auferstehung* der Toten. Der Jubel bricht mit allen zur Verfügung stehenden Registern aus. Der Komponist lässt uns die Auferstehung als Freudentanz erleben. Er schenkt uns eine Ahnung der ewigen Herrlichkeit. Die aufsteigenden gebrochenen D-Dur-Akkorde erinnern an die Posaunen des Jüngsten Gerichts. Der großartige Satz schließt mit einem Chor-Fugato, bei dem die einzelnen Stimmen nacheinander den Text singen: ‚et vitam venturi sæculi' (und das Leben der kommenden Welt). Das ‚Amen' – die Unterschrift aller Gläubigen unter das Glaubensbekenntnis der Kirche – wird mit Achtel-Koloraturen hingesetzt: Eine überzeugte Zustimmung, voll lebhafter Freude. Diese Freude wird uns aber nur durch den Prozess der Verwandlung geschenkt. Den können wir nicht überspringen. Auch dann nicht, wenn wir so tun als ob.

XIII

Alles existentielle Wachstum braucht Geduld. Es muss Samen ausgesät werden. Dann müssen wir Zeit zum Wachsen gewähren und die junge Pflanze angemessen pflegen. Das ungeduldige Ziehen mag gut gemeint sein, es beschleunigt nicht das Wachstum, kann aber alles zerstören. Das gilt auch für notwendige Reformen in der Kirche. Der heilige Giovanni Leonardi sagt dazu: „So werden sie mehr als mit Zwang auf milde Weise zur Reform in Bewegung setzen".[33]

Es müssen Prozesse eingeleitet werden. Es braucht Ermutigung, sich darauf einzulassen. Es braucht Begleitung auf dem Weg und Führung. Das erfordert Geduld. Wir alle können dazu beitragen, dass immer mehr Getaufte sich auf den Weg begeben und auf dem Weg bleiben. Denn zuerst sind wir selbst ganz persönlich angesprochen, uns auf diesen Prozess einzulassen. Aus dieser Einsicht heraus fehlen Titel über den einzelnen Abschnitten sowohl in ‚Miteinander die Glut unter der Asche entdecken' als auch in diesem Buch. Dort stehen einfach römische Zahlen. Das ist eine Einladung, nicht bereits festgefahren nach Lösungen einzelner anstehender Probleme zu suchen, sondern sich auf einen Weg zu machen und sich auf einen Prozess einzulassen. Die Schritte folgen – wie im richtigen Leben – manchmal entgegen unseren Vorstellungen und Erwartungen. Es gibt große und kleine Schritte; es gibt solche, die uns freuen und solche, die uns ärgern. Wir müssen uns auch in der Kirche daran gewöhnen, dass nach dem ersten Schritt nicht der fünfte folgt, sondern der zweite. Erst recht nicht der hundertste. Das braucht viel Geduld. Allerdings: Das Ziel dürfen wir nie aus den Augen lassen. Denn dieses bestimmt die einzelnen Schritte, von Anfang an. Darum ist es angebracht, immer wieder einen Blick auf die letzten Seiten des Textes zu werfen. Das Gebet, unter Abschnitt C, macht vieles verständlich, was uns auf dem Weg begegnet.

Auf einem solchen Weg sollen die Fragen zusammen mit dem Papst angegangen, und nicht einfach autoritativ vom Papst von oben herab per Dekret beantwortet werden. Allerdings: Es ist leichter, von oben alle Lösungen zu erwarten und dabei zu schimpfen und unbeweglich zu bleiben. Das gilt für die Positionen rechts und links.

XIV

Es geht Papst Franziskus um Treue zu dem Gott, der ein Gott der Überraschungen ist. Es geht um einen neuen Stil der Evangelisierung: „Und ich lade ein, diesen in allem, was getan wird, zu übernehmen."[34] Ich scheue mich nicht, in diesem Buch Papst Franziskus oft zu zitieren. Selbst Christinnen und Christen über die Konfessionsgrenzen hinaus werden sich daran nicht stören. Die Aussagen lassen die Bedeutung des Petrusamtes erahnen. Sie führen nicht zum Papst, sondern miteinander zur Tiefe unseres Glaubens. Das ist katholisch!

Wer die Augen offen hat, kann Früchte der Einladung von Papst Franziskus sehen. Viele Getaufte, einzeln oder in christlichen Gemeinschaften (Pfarreien, Gemeinden, Ordensgemeinschaften, Bewegungen usw.), sind schon lange vertrauensvoll und kreativ unterwegs. Besonders beeindruckt hat mich die Pfarrei St. Eugenia in Stockholm, angefangen von der Gestaltung des Empfangsraumes über die Informationen, die Kirchenräume, die Gottesdienste bis hin zu den Menschen, die dort arbeiten. Zu den Gemeinschaften, die auf dem Weg sind, gehören auch diejenigen, denen ich dieses Buch in Dankbarkeit widme.[35] Sie alle fühlen sich von Papst Franziskus auf dem Glaubensweg ermutigt.

Tatsächlich sind aber immer noch viele Türen des Glaubens wie selbstverständlich verschlossen. Das zeigen schon Kirchentüren, die verschlossen bleiben; Kirchenräume, die keine einladende Atmosphäre ausstrahlen; Internet-Auftritte, die den suchenden Menschen nicht ansprechen; Pfarrblätter, die nur Insider interessieren können. Es gibt Widerstand, Verschlossenheit und Gleichgültigkeit gegenüber dem Aufruf von Papst Franziskus. Das zeigen leider immer noch

Veröffentlichungen, Entscheidungen und Medienauftritte von Bischöfen und Bischofskonferenzen, aber auch von Amtsträgern im Vatikan. Es klingt dann so, als ob alles beim Alten bleiben würde. Nicht einmal ein Konzil könne das ändern, heißt es in diesen Kreisen. Die Aschenhüter trösten sich mit dem Ausspruch: Ein Papst kommt, ein Papst geht; wir bleiben. Nichts, aber auch gar nichts ist manchmal von ‚Evangelii gaudium' zu spüren. Sogenannte papsttreue Kreise warten mit Ungeduld darauf, bis der Papst mit Entscheidungen ‚von oben' Ablehnung erfährt. Da hat Papst Franziskus noch harte Arbeit vor sich. Er geht sie Tag für Tag an. Er setzt ‚Evangelii gaudium' immer wieder überraschend um. Es lohnt sich, ihn dabei zu begleiten.[36]

Papst Franziskus betont, dass das Schreiben „eine programmatische Bedeutung hat und wichtige Konsequenzen beinhaltet." Und er fährt fort: „Ich hoffe, dass alle Gemeinschaften dafür sorgen, die nötigen Maßnahmen zu ergreifen, um auf dem Weg einer pastoralen und missionarischen Neuausrichtung voranzuschreiten, der die Dinge nicht so belassen darf, wie sie sind. Jetzt dient uns nicht eine reine Verwaltungsarbeit."[37] Papst Franziskus fordert jede Teilkirche auf, „in einen entschiedenen Prozess der Unterscheidung, der Läuterung und der Reform einzutreten."[38] Und dabei geht er mit dem guten Beispiel voran: „Da ich berufen bin, selbst zu leben, was ich von den anderen verlange, muss ich auch an eine Neuausrichtung des Papsttums denken. Meine Aufgabe als Bischof von Rom ist es, offen zu bleiben für die Vorschläge, die darauf ausgerichtet sind, dass eine Ausübung meines Amtes der Bedeutung, die Jesus Christus ihm geben wollte, treuer ist und mehr den gegenwärtigen Notwendigkeiten der Evangelisierung entspricht."[39]

Der Papst spricht klar Haltungen an, die uns allen vertraut sind, zum Beispiel: „Die Seelsorge unter missionarischem Gesichtspunkt verlangt, das bequeme pastorale Kriterium des ‚Es wurde immer so gemacht' aufzugeben."[40] Das, was Papst Franziskus schreibt, ist an uns alle gerichtet: „Die neue Evangelisierung muss ein neues Verständnis der tragenden Rolle eines jeden Getauften einschließen."[41] Er ruft zum Abschied von einer Kirche auf, die von Bischöfen von oben herab geleitet wird. Wer jetzt den Eindruck hat, ich verbreite die häretische Behauptung, dass die Bischöfe nicht die Kirche leiten dürften, sollte einen Moment innehalten und noch einmal lesen. Das eigentliche hier angesprochene Problem – zum Davonlaufen für viele suchende Menschen – sollten wir nicht noch einmal ‚von oben herab' übersehen. Denn ein solches Verhalten hätte mehr mit Weltlichkeit zu tun als mit Frömmigkeit: „Wer in diese Weltlichkeit gefallen ist, schaut von oben herab und aus der Ferne, weist die Prophetie der Brüder ab, bringt den, der ihn in Frage stellt, in Misskredit, hebt ständig die Fehler der anderen hervor und ist besessen vom Anschein."[42] Doch mehr darüber später.

XV

Papst Franziskus muss immer wieder klarstellen, wer der Herr der Kirche ist: Jesus Christus. Er tut dies mit Wort und Tat. Er geht auf diesem Weg voran – immer wieder überraschend. Der Inhaber des Petrusamtes ist in vielerlei Hinsicht vom Thron heruntergestiegen. Und dabei hat er nicht an Autorität verloren. Im Gegenteil. Ein orthodoxer Theologe sagte zu mir im Oktober 2013: „Papst Franziskus hat in den sieben Monaten seiner Amtszeit in den orthodoxen Kirchen mehr bewegt als Papst Johannes Paul II. und Papst Benedikt XVI. zusammen." Eine solche Einschätzung ermutigt. Der koptische Papst Tawadros II. meinte in einem persönlichen Gespräch, dass wir die Einheit der Kirche erleben werden, wenn das, was Papst Franziskus verkörpert, die katholische[43] Kirche ist. Ob wohl der nächste Papst den eingeschlagenen Weg weitergehe? Wenn Papst Franziskus ein Papst der Schalterdrehungen von oben herab wäre, dann würde mit großer Wahrscheinlichkeit der nächste Papst mit neuen Schalterdrehungen von oben herab dafür sorgen, dass wieder alles klar ist wie gehabt, ohne Überraschungen.

Tatsächlich ist in den vergangenen Monaten vieles möglich geworden, was noch vor zwei Jahren unvorstellbar war. Die Publikation ‚Miteinander die Glut unter der Asche entdecken' wurde Ende 2012 und Anfang 2013 von sich päpstlich nennenden Gruppierungen geradezu verteufelt und der Autor auf dem sich katholisch nennenden Internetportal www.kath.net als ‚Satan mit Mitra' bezeichnet. In der zweiten Hälfte des Jahres 2013 stand die in der Zwischenzeit ins Italienische übersetzte Ausgabe ‚Fuoco sotto cenere' in den Vatikanbuchhandlungen im Regal mit den Publikationen zum ‚Jahr des Glaubens' und zum Konzilsjubiläum. Das Büchlein fand dort sogar Platz auf dem Bestsellertisch. Dies ermutigt, den Weg Schritt für Schritt weiterzugehen.

Aber vorerst zurück zum Internetportal.[44] Am besten gefiel mir die Bezeichnung ‚Der Brandstifter'. Genau so lautet nämlich der Titel eines Bildes, das Silja Walter, unsere Mitschwester Maria Hedwig Walter (1919–2013) im Kloster Fahr[45], im Jahre 1996 gemalt und mir 2008 geschenkt hat. [Abbildung 1 www.kloster-einsiedeln.ch/HeuteimBlick] Seither hängt es in meinem Zimmer. Dargestellt ist der heilige Augustinus, dahinter eine brennende Stadt. Augustinus hat das Jesus-Wort in seinem Leben aufgenommen: „Ich bin gekommen, Feuer auf die Erde zu werfen. Wie froh wäre ich, es würde schon brennen.“[46] Das Bild spornte mich im Jahr des Glaubens besonders an, Gottes Brandstifter zu sein. Dazu sind wir alle berufen. Selbstverständlich geht es hier nicht um ein Feuer, das Wertvolles zerstört, sondern um ein Feuer, das reinigt, das Hoffnung weckt, das Heimat erfahren lässt, das Leben schenkt – Leben in Fülle.

XVI

Es gibt mit der Kirche sehr verbundene Menschen, von denen das In-Frage-Stellen bestehender Einrichtungen oder der Hinweis auf bewährte Traditionen bereits als Angriffe auf die Kirche interpretiert werden. Ein großer Theologe meinte dazu: „Es kann nicht zweifelhaft sein, was man von da aus zu dem noch so wohlgemeinten Bemühen derer sagen wird, die durch die Rettung der Quantität des Gegebenen die Kirche zu retten versuchen, die in jeder Andacht, die wegfällt, in jedem Satz aus päpstlichem Munde, der in Frage gestellt wird, die Destruktion der Kirche wittern und dabei gar nicht mehr fragen, ob das so Verteidigte vor dem Anspruch der Wahrheit und der Wahrhaftigkeit standhalten könne. Stattdessen rufen sie uns, nur von Destruktionsangst besessen, zu: Brecht nicht ab, was aufgebaut ist; zerstört nicht, was wir haben; verteidigt, was gegeben ist!“[47] Dies sind klare Worte von Joseph Ratzinger zu einer neuen Ekklesiologie.

Was ist Asche und was ist Glut? Das ist nicht immer so klar, wie wir meinen. Ist ‚Gott lieben' Glut oder Asche? Selbstverständlich Glut, werden die meisten denken. Für sogenannte Freidenker ist das klar Asche. Wer hat Recht? Ein Satz im ersten Johannesbrief mag sowohl Gläubigen als auch Freidenkern Recht geben: „Wenn jemand behauptet: Ich liebe Gott, und dabei seinen Bruder hasst, dann lügt er."[48] Ob uns nicht gerade Menschen, die die Kirche verlassen haben, oft auf solche biblische Provokationen aufmerksam machen? Sie sprechen Asche an, damit wir herausgefordert sind, die Glut wiederzuentdecken. Eine volle Kirche am Sonntag: Ist das Glut oder Asche? Die Kirche kann voll sein, weil der soziale Druck groß genug ist oder weil die Menschen miteinander Gott begegnen wollen. Jeden Tag beten: Ist das Glut oder Asche? Menschen können beten, weil sie die Gemeinschaft mit Gott pflegen wollen oder damit sie kein schlechtes Gewissen haben. Ist ein Verbrecher Glut oder Asche? Jesus sagt zu einem: „Heute noch wirst du mit mir im Paradiese sein."[49] Einer solchen Glut möchte ich in meiner Todesstunde auch begegnen! Und Petrus, der sich für Jesus einsetzt, hört ein entsetzliches Wort. Petrus sagt zu Jesus, dass Gott verhüten möge, dass er getötet werde. Und was hört der Erste unter den Aposteln? „Weg mit dir, Satan, geh mir aus den Augen! Denn du hast nicht das im Sinn, was Gott will, sondern was die Menschen wollen."[50]

Was also ist Asche und was ist Glut? Asche kann ganz schön religiös verkleidet sein. Und Glut kann sich schrecklich zeigen. Die Liebe zur Kirche dürfen wir nicht vorschnell jemandem absprechen. Aber wir müssen miteinander auf dem Weg bleiben – suchend, anregend, herausfordernd, überzeugend, glaubwürdig!

XVII

Ein Satz in ‚Miteinander die Glut unter der Asche entdecken' löste eine rhetorische Rückfrage aus: „Selbstverständlich können wir nicht alle Fragen angehen. Vielleicht nicht einmal die wichtigsten."[51] So kam die Rückfrage, welches für mich die wichtigsten Fragen sind und warum sie in meiner Veröffentlichung nicht thematisiert werden. Das Wichtigste ist klar: Jesus Christus nachfolgen, der uns berufen hat, weil er uns liebt. Dies ist durch die ganze Schrift hindurch thematisiert. Darum wurde sie geschrieben. Ich habe auch klargestellt: „Dieses Schreiben ist kein Katechismus. Den gibt es bereits. Es ist ein Versuch, verschiedene Kritiken ernstzunehmen."[52] Die Heilige Schrift ist uns gegeben. Auch die brauche ich nicht noch einmal zu schreiben. Die großartige Partitur ist da, eine andere Frage ist die Aufführung. Ich kann das Gemeinte mit einem bekannten Musikstück von Wolfgang Amadeus Mozart verdeutlichen: die Sopranarie der Königin der Nacht aus der Zauberflöte. Hören wir zum Beispiel die Aufnahme mit Karin Ott an, so verrät diese eine große Freiheit. Scheinbar ohne Mühe singt sie diese anspruchsvolle Arie. [Hörbeispiel 2 www.kloster-einsiedeln.ch/HeuteimBlick] Da steckt viel Arbeit und Askese dahinter. Diese Freiheit ist eine errungene Freiheit. Eine andere Interpretation, die weit bekanntere als die erste, ist von Florence Foster Jenkins. [Hörbeispiel 3 www.kloster-einsiedeln.ch/HeuteimBlick] Diese Aufnahme tönt nicht nur deshalb anders, weil sie älter ist. Hier liegt eine große Tragik. Frau Foster Jenkins war stolz auf ihr gesangliches Können. Und sie wurde tatsächlich immer wieder für Auftritte eingeladen, sogar in die renommiertesten Häuser. Aber sie merkte nicht, dass sie eingeladen wurde, weil sich die andern über sie lustig machen wollten[53]. Wer Mozart so kennenlernt, wird kaum Interesse für mehr Mozart verspüren. Und wenn Frau Foster Jenkins von der genialen Musik Mozarts schwärmte, würde man ihr nicht glauben, obwohl sie wirklich Recht hat. Wir können auch das Lied unseres Glaubens völlig daneben singen, ohne dass uns das überhaupt bewusst wird. Damit können wir sogar in bester Absicht Gott lächerlich machen[54] und kaum einen vernünftigen Menschen dazu bewegen, die Partitur näher kennenzulernen.

Was ist das Wichtigste? Darüber sind wir uns oft schnell einig. Was ist das Wichtigste an einem Auto? Der Motor, die Räder. Und doch müssen wir uns manchmal anderen Dingen zuwenden und das Problem beheben. Zum Beispiel muss eine Handbremse repariert werden, die sich nicht mehr lösen lässt, oder Lampen gewechselt, die nicht mehr brennen. Handbremse und Lampen sind nicht das Wichtigste am Auto, können aber sehr wohl für das Wichtigste problematisch werden. Um beim Beispiel zu bleiben: Das Auto fährt nicht mehr oder es kommt zu einem Unfall.

Was ist das Wichtigste am menschlichen Körper? Das Herz, das Hirn. Gewiss nicht die Zähne. Aber wie geht es uns, wenn wir Zahnschmerzen haben und jemand uns tröstet mit dem Hinweis: Die Zähne sind nicht das Wichtigste. Die Person hat zwar Recht, aber sie würde den Menschen in seiner Not nicht ernst nehmen.

Gilt dasselbe nicht auch für die Kirche? Auch hier können Nebensächlichkeiten das Wichtigste aus dem Blickfeld verschwinden lassen. Auch hier gibt es ernstzunehmende Kritiken. Der Basler Bischof Felix Gmür hat dazu auf der Bischofssynode am 16. Oktober 2012 in Rom gesagt: „Und wenn ein Christ einen Vorschlag macht oder eine Kritik anbringt, hören wir ihn aufrichtig an? In diesem Zusammenhang richtet die Mönchsregel des heiligen Benedikt eine weise Ermahnung an den Abt: ‚Der Abt überlege klug, ob ihn der Herr nicht vielleicht gerade deswegen geschickt hat' (RB 61,4). Es scheint mir, dass wir mehr hören und mit Wohlwollen unterscheiden müssen, was die Christen uns sagen."[55] Wenn wir das tun, dann nicht, weil uns das Wichtigste nicht interessiert, sondern damit das Wichtigste zum Zuge kommt.

XVIII

Das Bild ‚Der Brandstifter' prägte das Gebet vor der Wahl des 59. Abtes unserer Klostergemeinschaft. Das verdankten wir kath.net. Die Vorbereitungszeit auf diese Wahl am 23. November 2013 war ein wichtiger Prozess. Bei der Wahl eines kirchlichen Oberen darf es nicht um eigene Interessen gehen. Vielmehr geht es in besonderer Weise darum, Gottes Willen zu erkennen und danach zu handeln. Darum sollten die Wochen vorher vor allem vom Gebet geprägt sein. Ich konnte nachvollziehen, dass es Außenstehende interessiert, wer der nächste Abt werden könnte – vor allem Menschen, die mit uns besonders verbunden sind. Gott sei Dank hatten wir in unserer Gemeinschaft verschiedene Mitbrüder, die für das wichtige Amt in Frage kamen. Das ist nicht selbstverständlich. Es begannen viele Spekulationen. Ich machte auch in der Öffentlichkeit darauf aufmerksam, dass es eine bessere Weise gibt, die Tage vor der Abtswahl zu verbringen, als sich in Spekulationen zu verlieren. Wenn wir uns auf Spekulationen einlassen, könnte es uns ergehen wie der italienischen Bischofskonferenz bei der letzten Papstwahl. Als der weiße Rauch aufstieg, ließ die Bischofskonferenz das Gratulationsschreiben für Kardinal Angelo Scola veröffentlichen. Das war peinlich für die Bischofskonferenz, aber auch für Kardinal Scola.

Damit Menschen uns begleiten konnten, verbreiteten wir ein Gebetsbildchen mit dem Brandstifter von Silja Walter und einem Gebet um eine gute Abtswahl. Es war großartig zu erfahren, wie sich auch Außenstehende mehr und mehr nicht für persönliche Sympathien interessierten, sondern für die Suche nach dem Willen Gottes. Mit zwei kleinen Veränderungen kann dieses Gebet jeden Tag für unsere Gemeinschaft gebetet werden. Es tut uns auch heute gut, damit wir Brandstifter des Glaubens bleiben.

Herr Jesus Christus, du hast gesagt:
‚Ich bin gekommen, Feuer auf die Erde zu werfen.
Wie froh wäre ich, es würde schon brennen.'
Wir bitten dich:
Hilf der Einsiedler Klostergemeinschaft,
gemeinsam auf deinen Willen zu hören.
Lass sie das Feuer deiner Liebe gemeinsam mit Abt Urban den ihnen anvertrauten Menschen in unserer Zeit glaubwürdig bezeugen.
Unsere Liebe Frau von Einsiedeln, bitte für uns!
Heiliger Benedikt und heilige Scholastika, bittet für uns!
Heiliger Meinrad, bitte für uns!
Alle heiligen Mönche von Einsiedeln, bittet für uns!

XIX

Die Ordensleute sind besonders berufen, Brandstifter des Glaubens zu sein. Aschenhüter sind bei uns fehl am Platz. Wir sind berufen, prophetische Stimme zu sein – nicht zuerst in der Welt, sondern in der Kirche. Dazu hat uns Papst Franziskus ausdrücklich ermutigt: „Prophetie macht Lärm“ – „Ordensleute sollten Männer und Frauen sein, die fähig sind, die Welt zu wecken.“[56]

XX

Es gibt nicht nur Glut in unserem Leben, es gibt auch vieles, was uns zur Weißglut treibt. In einem Gespräch haben mir Jugendliche verschiedene Situationen geschildert, die sie zur Weißglut treiben: Verlogenheit, Besserwissen, Streit, mangelnde Fairness im Sport, Kriminalität, Krieg. Mich treibt immer wieder zur Weißglut, wenn ich Menschen begegne, die einfach sitzen bleiben. Oder solche, die (kirchliches) Leben von Drehungen am Schalterpult erwarten. Und vergessen darf ich die nicht, die ständig dem nachtrauern, was einmal war. Damit verpassen sie die unzähligen Chancen der Gegenwart. Ich rege mich darüber auf, dass sie ihr eigenes Leben unnötig erschweren, das Leben der andern, das Leben der Kirche. Aber vergessen wir nicht: Ihnen allen dürfen wir dankbar sein für dieses Buch. Die fruchtbare Art und Weise des Umgangs mit frustrierenden Situationen habe ich besonders bei unserer Mitschwester Maria Hedwig Walter gelernt. So ist zum Beispiel ihr großartiges Buch über das Sakrament der Versöhnung entstanden.[57]

Als Getaufte sind wir dazu berufen, den Lebensweg vertrauensvoll weiterzugehen und auf keinen Fall sitzen zu bleiben. Wir müssen nicht bei der Hitze des Egoismus bleiben, sondern wir dürfen die Glut des Glaubens suchen. Es ist gut zu wissen, dass nicht alles so sein muss, wie wir es uns wünschen. Wir suchen, dass Gottes Wille geschehe. Gerade darum dürfen wir uns dem stellen, was unsere Gemüter erhitzt. Wir dürfen dahinter Gott suchen und die Glut des Glaubens. „Diese Gegenwart muss nicht hergestellt, sondern entdeckt, enthüllt werden."[58]

Mit einer solchen Haltung nehmen wir die Bälle dankbar wahr, die Gott uns heute zuspielt, im Alltag genauso wie zum Beispiel in den biblischen Lesungen. In der Apostelgeschichte hören wir von einer Situation, die zum Verzweifeln ist, die zur Weißglut treibt: „An jenem Tag brach eine schwere Verfolgung über die Kirche in Jerusalem herein. Alle wurden in die Gegenden von Judäa und Samarien zerstreut."[59] Die Christinnen und Christen hätten Grund zum Murren gehabt. Sie hätten sagen können: Jetzt mache ich aber nicht mehr mit. Sie hätten sich als verfolgte Gruppe an sichere Orte zurückziehen können. Sie hätten sich in die hinterste Ecke setzen und im Herzen murren können. Aber nein, sie taten etwas anderes. Etwas, das wir immer wieder hören, wenn wir aus der Bibel lesen. „Die Gläubigen, die zerstreut worden waren, zogen umher und verkündeten das Wort."[60] Das ist die Glut des Glaubens. Nicht beim Klagen bleiben, sondern Christus verkünden. Das gilt auch heute in unseren Breitengraden, wenn viele Selbstverständlichkeiten in der Kirche zusammenbrechen. In zwanzig Jahren kann bei uns so ziemlich alles verschwunden sein, was einst der Stolz der Kirche war. Vielen Menschen macht nur schon dieser Gedanke Angst. Andere wollen das gar nicht wahrhaben. Aber das Verfallen von Selbstverständlichkeiten soll uns Getauften nicht Angst machen, sondern uns provozieren, unsere Berufung in den Situationen zu leben, die uns zugemutet werden. Davon zeugt auch die Fortsetzung dieser Erzählung aus der Apostelgeschichte: „Philippus aber kam in die Hauptstadt Samariens hinab und verkündigte dort Christus.“[61] Christus glaubwürdig verkündigen konnte er nur, weil er selbst ein hörender Mensch war. Christus ruft uns beim Namen – Tag für Tag. Wenn wir es heute nicht hören, versucht er es morgen wieder. Er gibt uns nicht auf. Es ist seine Sehnsucht, bei uns zu wohnen. Darum konnte Philippus Christus verkündigen. Aber die Verkündigung reicht nicht. Jemand muss sie hören und aufnehmen. „Und die Menge achtete einmütig auf die Worte des Philippus.“[62] Die Menschen in Samarien „hörten zu und sahen die Wunder“.[63] Wir tun gut, wenn wir versuchen, ganz Ohr zu sein. So können wir Gottes Gegenwart in unserem Leben entdecken. Wir können ihn entdecken, der da ist. Gottes Gegenwart entdecken: Das ist der tiefste Grund unserer Freude – jetzt und in alle Ewigkeit. Denn das ist ja Himmel: für immer und ewig in Gottes Gegenwart sein. Das ist die Erfüllung unserer tiefsten Sehnsucht. Darum heißt es von den Menschen in Samarien: „So herrschte große Freude in jener Stadt.“[64] Und dann folgt etwas noch Erstaunlicheres. Bischöfe, Äbte und Priester sind es gewohnt, andere aufzurufen, hörend und sehend durchs Leben zu gehen. Aber selber? Sind sie hörend und sehend? Das ist leider oft nicht der Fall. Davon kann auch Papst Franziskus ein Liedlein singen, obwohl das Singen nicht seine Stärke ist. Aber er ist sich bewusst, dass viele sofort einstimmen werden. Bei der Predigt, so schreibt er, leiden oft die Gläubigen und die geweihten Amtsträger, „die einen beim Zuhören, die anderen beim Predigen. Es ist traurig, dass es so ist.“[65] Und was ist damals in Jerusalem passiert, als Philippus in Samarien predigte? „Als die Apostel in Jerusalem hörten, dass Samarien das Wort Gottes angenommen hatte, schickten sie Petrus und Johannes dorthin. Diese zogen hinab und beteten für sie, sie möchten den Heiligen Geist empfangen. … Dann legten sie ihnen die Hände auf und sie empfingen den Heiligen Geist.“[66] Sie hörten, darum konnten auch sie handeln. Sie sahen, und darum wussten sie, was den Menschen fehlt: Die Gabe des Heiligen Geistes.

XXI

Nehmen wir uns ein Beispiel an den Heiligen! Niemand wurde heiliggesprochen, weil er oder sie sitzen geblieben ist oder der vergangenen Zeit nachgetrauert hat. Heilige stellen sich der Situation, die sie ärgert und provoziert, suchen darin Gottes Willen und finden die Glut des Glaubens. Werfen wir einen Blick auf den heiligen Philipp Neri (1515–1595). Ihm ging vieles auf die Nerven in der Kirche des 16. Jahrhunderts, zum Beispiel das stolze Gehabe der Kardinäle. Und so hat er sich selbst als Kardinal verkleidet und ist durch Rom stolziert, um sich darüber lustig zu machen und den Kardinälen einen Spiegel vor Augen zu halten. Die Bettler Roms sind ihm in Prozession gefolgt.[67] Selbstverständlich brauchen wir keine Heiligen zu kopieren. Sie haben in ihrer Zeit gelebt. Sie taten dies aus dem Glauben, aus der lebendigen Beziehung mit Christus heraus. In dieser Haltung dürfen wir sie nachahmen: Aus dem Glauben leben, aus der lebendigen Beziehung mit Christus heraus das Heute vertrauensvoll in den Blick nehmen und kreativ angehen.

Dazu brauchen wir die Kraft des Heiligen Geistes. Auch heute. Und genau dieser Heilige Geist ist manchmal sehr unangenehm. Papst Franziskus erinnert uns in seinen Predigten unablässig daran. „Um es klar zu sagen: Der Heilige Geist ist für uns eine Belästigung. Er bewegt uns, er lässt uns unterwegs sein, er drängt die Kirche, weiterzugehen. Aber wir sind wie Petrus bei der Verklärung, ‚Ah, wie schön ist es doch, gemeinsam hier zu sein'. Das fordert uns aber nicht heraus. Wir wollen, dass der Heilige Geist sich beruhigt, wir wollen ihn zähmen. Aber das geht nicht. Denn er ist Gott und ist wie der Wind, der weht, wo er will. Er ist die Kraft Gottes, der uns Trost gibt und auch die Kraft, vorwärtszugehen. Es ist dieses ‚Vorwärtsgehen', das für uns so anstrengend ist. Die Bequemlichkeit gefällt uns viel besser."[68] – „Es gibt ja Wohnzimmer-Christen, nicht? Jene, die gut erzogen sind, alles schön, aber sie können keine Kinder der Kirche schaffen mit der Verkündung und dem apostolischen Drang. Heute können wir den Heiligen Geist darum bitten, dass er uns diesen Drang schenken möge; dass er uns die Gnade schenken möge, an den Dingen zu rütteln, die in der Kirche zu ruhig sind, und die Gnade, auf die Peripherien der Existenz zuzugehen."[69]

Glückliche Christinnen und Christen werden wir nicht, wenn wir halsstarrig in unseren Wohnungen sitzen bleiben. Heilige werden wir, wenn wir es wie die erste Christengeneration machen: Sich den Herausforderungen und Schwierigkeiten stellen und Christus verkünden. Und dann kann sehr wohl auch heute eine Prozession oder eine Demonstration entstehen – selbst im 21. Jahrhundert wie im 16. Jahrhundert zu Ehren von Kardinälen oder Bischöfen.

XXII

Immer wieder kommt Papst Franziskus auf Festgefahrenes zu sprechen, das sich oft als besonders fromm präsentiert, aber letztlich zutiefst unkirchlich ist: „Man darf nicht meinen, die Verkündigung des Evangeliums müsse immer mit bestimmten festen Formeln oder mit genauen Worten übermittelt werden, die einen absolut unveränderlichen Inhalt ausdrücken. … Wenn wir den Zweifeln und Befürchtungen erlauben, jeden Wagemut zu ersticken, kann es geschehen, dass wir, anstatt kreativ zu sein, einfach in unserer Bequemlichkeit verharren, ohne irgendeinen Fortschritt zu bewirken. Und in dem Fall werden wir nicht mit unserer Mitarbeit an historischen Prozessen teilhaben, sondern schlicht Beobachter einer sterilen Stagnation der Kirche sein.“[70] Da ist noch viel zu tun – für uns alle! Selbstverständlich erfährt der römische Brandstifter Christi mit seiner Ermutigung auch Widerstand. Es gibt Leute, die es vorziehen, Grund zum Klagen über den fehlenden Aufbruch in der Kirche zu haben, als dass sie mit Freude den vom Papst angestoßenen Aufbruch begrüßen würden.

Um einen guten Weg der Kirche vorzubereiten, hat der Papst schon bald nach seiner Wahl einen achtköpfigen Kardinalsrat eingesetzt. Koordinator ist Kardinal Rodriguez Maradiaga. In einem Interview mit dem Kölner Stadtanzeiger am 17. Januar 2014 sagte dieser über den Präfekten der Glaubenskongregation: „In seiner Mentalität gibt es nur richtig oder falsch, das war’s. Aber ich sage: Die Welt, mein Bruder, die Welt ist nicht so. Du solltest ein wenig flexibel sein, wenn du andere Stimmen hörst, damit du nicht nur zuhörst und sagst: Nein, hier ist die Wand. Er hat noch viel zu lernen."[71] Er ist nicht allein. Wir alle tun gut daran, uns ihm dabei anzuschließen.

XXIII

Mit der Schrift ‚Miteinander die Glut unter der Asche entdecken' hatten konservative und progressive Kreise ihre Mühe. Für die Progressiven war nichts Neues darin. Ich würde ja nur sagen, was andere schon vorher gesagt haben. Für die Konservativen war es ein Zugeständnis an den Zeitgeist.

Immer wieder hörte ich in Gesprächen – nicht selten mit jungen Menschen, die von den Weltjugendtagen geprägt sind – die Bemerkung, dass sie keine Kirchenpolitik machten. Ihnen gehe es einfach um Treue zur Kirche. Die Kirche brauche keine Erneuerung. Nur die Menschen draußen müssten sich ändern. In der Vorstellung dieser jungen Leute besteht Neuevangelisierung darin, dies noch deutlicher zu sagen. Einzelne forderten sogar kritische Theologen auf, aus der Kirche auszutreten. Solche Bemerkungen ließen mich aufhorchen. Wer sich rühmt, keine Kirchenpolitik zu machen, ist meistens gerade Spezialist in Kirchenpolitik. Es ist eindeutig Kirchenpolitik, wenn bestimmte Themen nicht angesprochen werden dürfen. Es ist Kirchenpolitik, wenn Kritik nicht sein darf. Eine solche Haltung ist kein gutes Zeichen. Worüber man nicht sprechen darf, davor hat man Angst. Es ist ein Tabu, das nicht von tiefem Glauben zeugt. Angst ist ein schlechter Ratgeber.

Kirchenrecht und Katechismus reichen nicht, um als gläubige Menschen unterwegs zu sein. Wem sie genügen, der betreibt Götzendienst. Er dient einem Gott, bei dem alles klar ist. Und das ist sicher nicht der Gott Jesu Christi, der immer neu überrascht. Damit ist nichts gesagt gegen Kirchenrecht und Katechismus. Sie sind hilfreich und wertvoll, aber sie sind nicht das Evangelium. Sie sollen Hilfen sein, das Evangelium in seiner überraschenden Unerschöpftheit zu entdecken und zu leben.

XXIV

Das Anliegen von ‚Miteinander die Glut unter der Asche entdecken' war ganz klar Kirchenpolitik, obwohl ich mich zu Beginn gegen diesen Begriff gewehrt habe: im Großen und im Kleinen weg von unseren eigenen Interessen hin zur Suche nach dem, was heute Gottes Wille ist. Ermutigung dazu waren für mich die Beispiele aus unserer reichhaltigen lebendigen Tradition. An solcher Kirchenpolitik haben diejenigen kein Interesse, denen daran liegt, dass die Kirche so sein und bleiben muss, wie sie ihnen am besten entspricht. Kirche ist wie sie ist. Und dieser starren Kirche bleiben wir treu und zugleich klagen wir über deren Untergang. Klar, Jesus Christus ist das Haupt der Kirche, aber der Papst ist das Oberhaupt. Und der Heilige Geist, der alles neu macht, soll sich gefälligst an die Ordnung der Kirche halten. Treue zur Kirche heißt: das tun, was der Papst vorgibt. Und das muss selbstverständlich dem entsprechen, was ich erwarte. Bischöfe sind dann katholische Bischöfe, wenn sie einfach tun, was Rom sagt. In ein für sie unerfreuliches ‚Schwimmfestival' geraten solche Menschen, wenn der Papst nicht mehr diesem Schema entspricht oder sich nicht leicht darin fangen lässt. Sie haben Angst, dass der Glaube verloren geht. Aber es geht nicht um ein Weniger an Glauben, sondern um ein Mehr. Jede Reform muss uns

Christus gleichförmiger machen. Darum muss die Kirche immer wieder reformiert werden.[72] Wenn wir solche Reformen ablehnen, gleichen wir den Schriftgelehrten, die Angst um das Sabbatgebot hatten, als Jesus Menschen heilte. Aber Jesus wollte nicht weniger Sabbat schenken, sondern mehr. Wer sich an das Wort und Beispiel von Jesus Christus hält, muss nicht ständig Angst um die Glaubenssubstanz haben und in Verteidigungshaltung sein. ‚Glaubenssubstanz erhalten' ist sehr oft ein Ausdruck für ‚die Macht der Kirche erhalten'. Doch wir haben eine viel größere Berufung. Wir dürfen dafür sorgen, dass Menschen den Glauben als Quelle entdecken zum Leben in Fülle.

XXV

Manchmal hat das Naheliegendste die größte Mühe, unsere Aufmerksamkeit zu erhalten. Wir übersehen es leicht. Diesem Phänomen begegnen wir auch in den verschiedenen Erzählungen der Ostererfahrung in der Bibel. Der Auferstandene oder seine Boten – die Engel – werden oft nicht erkannt.

Die Ostererzählungen sind mir eine Herausforderung, im Alltag nicht an der Oberfläche zu bleiben. Die Gegenwart Gottes ist immer wieder zugleich verborgen und überraschend. Wer Gott nur am Horizont seiner eigenen Vorstellungen erwartet, steht dieser Erfahrung im Weg.

Die Schriftstellerin Ida Friederike Görres (1901–1971) schrieb in den 60er-Jahren ein prophetisches Wort: „Ich glaube mit Zuversicht und Vertrauen an die unzerstörbare Zukunft der Kirche. Die Prognosen sind natürlich herzlich schlecht, nach menschlichem Ermessen. Ich kann mir ein pechrabenschwarzes Morgen sehr gut vorstellen. Etwa, dass alte Kirchen wirklich in bloße Museen verwandelt werden. Ich kann mir vorstellen, dass die *Erscheinung* der Kirche, allen schönen Traditionsgutes, der liturgischen Räume, Gewänder, Geräte, der Festbräuche, der Wallfahrtsorte, der meisten Klöster beraubt wird. Aber ich glaube keineswegs, erstens, dass es so kommen *muss*, und zweitens, dass es *anhält*. Sind wir nur einen Augenblick aus Gottes Hand gefallen? Hat Er uns nicht an der Wegkreuzung Seine Engel gesandt – auch in kuriosen Verkleidungen –, oder den Raben mit dem Brot, hat Er uns nicht in der Wüste den Quell aus Sand und Stein geschlagen? Wie könnte Er Seiner Kirche versagen, was Er uns Eintagsfliegen tut, alle Tage tut? Ich glaube an Gottes Treue."[73]

Die Erwähnung von ‚Engeln in kuriosen Verkleidungen' ließ mich besonders aufhorchen. Ganz spontan fiel mir ein Italiener namens Paolo Gabriele ein. Von ihm spricht kaum noch jemand. Was er als Kammerdiener von Papst Benedikt XVI. getan hat, ist verwerflich. Und doch: Könnte nicht gerade er ein Engel in kurioser Verkleidung sein? Ihm verdankt die Kirche meines Erachtens sehr viel. Er hat Missstände, die schon lange das Zeugnis der Kirche verdunkelt haben, an die Öffentlichkeit gebracht, indem er Briefe auf dem Schreibtisch des Papstes kopiert und einem Journalisten weitergegeben hat. Die Kardinäle konnten vor der Papstwahl nicht mehr so tun, als ob in der römischen Kurie alles zum Besten stünde. Sie waren gezwungen, die Probleme zur Sprache zu bringen. Verdanken wir nicht diesem ‚Engel in kurioser Verkleidung' Papst Franziskus?

Es lohnt sich, die Engel in unserem Alltag wahrzunehmen – auch wenn sie immer wieder in kuriosen Verkleidungen daherkommen. Einer meiner Artikel zu diesem

Thema war mit dem Schutzengel von Niki de Saint Phalle im Hauptbahnhof Zürich illustriert. Das war ein überraschender Zufall von Seiten der Medienschaffenden.[74] Selbst wäre ich nie auf diese geniale Idee gekommen. [Abbildung 2 www.kloster-einsiedeln.ch/HeuteimBlick]

Als ich am Schluss meiner Sabbatzeit mit drei Gästen aus Ungarn durch die große Halle im Hauptbahnhof von Zürich ging, fragten sie mich interessiert, was denn da an der Decke hänge. Ich sagte ihnen, das sei ein Engel. Sie entgegneten spontan: „Bei uns in Ungarn sehen die Engel anders aus." Der Schutzengel von Niki de Saint Phalle hat ihnen die Augen geöffnet für Engel in kuriosen Verkleidungen. Gott überrascht uns.

XXVI

Die zentrale Überraschung ist die Liebe Gottes zum Menschen, zu jedem Menschen. Darum ist er Mensch geworden und am Kreuz für uns gestorben. Gott will nicht, dass wir Vorschriften einhalten, sondern dass wir das Leben in Fülle finden. Die Weisungen Gottes sind Hilfen, diese Erfüllung im tiefsten Sinn des Wortes zu erleben. Gott will den Menschen befreien aus allen Strukturen, die ihn einengen, bevormunden, ausbeuten, töten. Das gilt für unser persönliches Leben, für die Politik, die Wirtschaft, die Gesellschaft, aber auch für die Kirche. In seiner Predigt zum Thema ‚Auf Christus schauen' sagte Papst Benedikt XVI. im österreichischen Wallfahrtsort Mariazell: „Wenn wir das tun, dann sehen wir, dass das Christentum mehr und etwas anderes ist als ein Moralsystem, als eine Serie von Forderungen und von Gesetzen. Es ist das Geschenk einer Freundschaft, die im Leben und im Sterben trägt.“[75]

Jeder Mensch ist ein Geschenk Gottes, wie das der ungarische Gruß ‚Isten hozot‘[76] (Gott schickt dich!) großartig zum Ausdruck bringt. Jeder Mensch ist ein Original, mitten in der Liebe Gottes.

„Gott hat Humor, er hat den Menschen geschaffen“, sagt der englische Schriftsteller G.K. Chesterton (1874–1936) mit einem Augenzwinkern. Hoffentlich können wir das aus eigener Erfahrung bestätigen.

Als ich 2014 im Heiligen Land war, durfte ich vielen Menschen begegnen, die mich Gottes Kreativität und seinen Humor erfahren ließen. Ein junger palästinensischer Jurist konnte es einmal fast nicht verstehen, dass ich es ohne Reisegruppe gewagt hatte, nach Ramallah zu kommen. „Warum hast du keine Angst vor uns?“ Warum sollte ich Angst haben? „In aller Welt wird ja ständig das Bild verbreitet, dass wir alle Terroristen seien.“ Wer mit Palästinensern in Jerusalem zusammen im Kreise sitzt und diskutiert, gerät auch bald in eine Polizeikontrolle. Ich musste den Polizisten klar sagen, dass ich nicht lüge. Wir waren nicht dabei, mit Drogen zu handeln …

Mit einer palästinensischen Familie in Jerusalem, Muslime, bin ich besonders verbunden. Sie hat ein Geschäft in den engen Gassen der Altstadt. In meiner Anfangszeit in Jerusalem war es manchmal recht kühl und darum schaute ich mir dort die Pullover an. Ein einfacher gefiel mir und ich fragte, wie viel der koste. Der Verkäufer verlangte 100 Schekel. Ich sagte ihm, dass ich kein Geld bei mir hätte, ich würde also schnell nach Hause gehen und später den Pullover kaufen. Ich war in ziviler Kleidung. Er antwortete: „Machen wir 80 Schekel.“ Das änderte an meiner Situation allerdings nichts, denn ich hatte überhaupt kein Geld bei mir. Da meinte er in aller Selbstverständlichkeit: „Nimm den Pullover mit und bring mir einfach das Geld in den nächsten Tagen.“ Am folgenden Tag ging ich hin. Der Verkäufer war nicht da, nur sein ältester Sohn. Er wollte das Geld nicht nehmen, da der Vater zuständig sei. Er bat mich, an einem anderen Tag wieder vorbeizukommen. Nach zwei Tagen traf ich beide im Geschäft und bezahlte. Ich drückte meine Bewunderung für das Vertrauen und die Großzügigkeit aus. Immer, wenn ich in meiner Jerusalem-Zeit auf dem Weg zur Grabeskirche am Geschäft vorbeiging, wurde ich dort zu einem Tee und zum Gespräch eingeladen.

Einen etwa 20-jährigen Palästinenser hatte ich kennengelernt, als ich vom Joggen heimkehrte. Er bewachte zwei Wochen lang immer von 19 Uhr bis 7 Uhr eine elektronische Anlage und konnte dabei – zumal für sein Verständnis – viel verdienen. Er war erfreut, dass ich ihn angesprochen hatte, weil die meisten Menschen denken würden: „Achtung, Araber, die sind gefährlich. Das sind Terroristen.“ Ich erzählte ihm, dass ich mit Palästinensern sehr gute Erfahrungen machen würde, und erwähnte besonders ihre Großzügigkeit und Gastfreundschaft. Selbstverständlich wisse ich, dass es unter ihnen, wie in jedem Volk, auch kriminelle Leute gäbe. Allerdings, sagte ich ihm, dass ich einigen, die ich getroffen habe, zum Überleben wirklich keine Alternativen aufzeigen könne. Ich erhielt das Kompliment: „Du bist auch gut. Du sprichst mit uns.“ Dann kam ein Kollege des Palästinensers, der von 7 Uhr bis 19 Uhr den Wachtdienst wahrgenommen hatte. Ihm waren während seines Dienstes seine Papiere, die Geldkarte und das Handy gestohlen worden. Er hatte Leuten eine Auskunft gegeben, und als er sich wieder setzen wollte, waren die Utensilien nicht mehr auf dem Sessel. Nun hatte er alles sperren lassen. Ich fragte ihn, ob er eine Vermutung habe, wer ihm das gestohlen habe. Und er meinte: „Wahrscheinlich Araber". Und wir mussten miteinander lachen. Humor tut gut! Jeweils nach dem Gebet am frühen Morgen brachte ich den Diensttuenden einen warmen Kaffee.

XXVII

Ein jüdischer Israeli sagte mir, dass die fanatischen Kreise auf beiden Seiten das größte Hindernis seien für den Frieden zwischen Israel und Palästina. Und er führte als Beispiel die Ermordung des israelischen Ministerpräsidenten Jitzchak Rabin an, der 1995 an einem verheißungsvollen Punkt in den Verhandlungen von einem jüdischen Fanatiker umgebracht wurde. Kurz vor den tödlichen Schüssen sagte Rabin: „Ich möchte gerne jedem einzelnen von Euch danken, der heute hierher gekommen ist, um für Frieden zu demonstrieren und gegen Gewalt. Diese Regierung, der ich gemeinsam mit meinem Freund Shimon Peres das Privileg habe vorzustehen, hat sich entschieden, dem Frieden eine Chance zu geben – einem Frieden, der die meisten Probleme Israels lösen wird. … Der Weg des Friedens ist dem Weg des Krieges vorzuziehen. Ich sage Euch dies als jemand, der 27 Jahre lang ein Mann des Militärs war."[77] Ein Jahr zuvor hatte er zusammen mit dem damaligen Außenminister Shimon Peres und dem Chef der Palästinensischen Autonomiebehörde, Jassir Arafat, den Friedensnobelpreis erhalten. Es wurde mir immer klarer, dass es sowohl bei den Israelis als auch bei den

Palästinensern viele Menschen gibt, die Gerechtigkeit und Frieden für alle suchen.

Bei Besuchen in Mea Shearim und Nachlat Shiva führte ich viele Gespräche über die Situation im Heiligen Land. Für einen ultrakonservativen Juden im Stadtteil Mea Shearim war klar: Israel gehört den Juden, weil Gott ihnen dieses Land geschenkt hat. Es brauchte dazu nicht einmal eine Staatsgründung. Den Staat werde der Messias gründen, wenn er kommt. Israelische Siedler verpflichtet diese Argumentation sogar dazu, alle anderen zu vertreiben.

Ein Palästinenser – getroffen im Viertel Nachlat Shiva – sah die Lösung darin, alle Juden aus dem Land zu vertreiben, damit die Palästinenser es wieder bewohnen könnten. Viele palästinensische Familien haben den Schlüssel zu jenem Haus noch, das sie vor über einem halben Jahrhundert verlassen mussten und das es wohl schon lange nicht mehr gibt.

Religiöser Fanatismus – in allen Glaubensgemeinschaften – hat mit echtem Glauben nichts zu tun. Fanatiker gibt es leider auch unter den Atheisten. Religiöse Fanatiker gleichen eher atheistischen Fanatikern als Menschen ihrer Religionsgemeinschaft. Fanatiker gefährden nicht nur die anderen, sondern auch die Gemeinschaft, zu der sie sich zählen. Darum dürfen wir nicht schweigen. Dazu hat der israelische Schriftsteller Amos Oz an die Adresse der eigenen Landsleute gesagt: „Wir müssen dem Monster ins Gesicht schauen und es beim Namen nennen. … Wir haben auch hebräische Neo-Nazi-Gruppen.“[78] Er sehe keinen Unterschied zu Neo-Nazi-Organisationen in Europa. Oz wurde wegen seiner Aussagen von rechtsorientierten Politikern scharf kritisiert. Als ich mit einem zu dieser Gruppe gehörenden Mann sprach, konnte er meine Haltung nicht verstehen. Wir hätten doch in der Schweiz auch Ausländern verboten, sich in öffentlichen Parks, Gebäuden und Kirchen aufzuhalten. Er war gut informiert und wusste aus den Medien von einem peinlichen Vorkommnis an einem Ort im Schweizer Kanton Aargau: Sogenannte ‚Rayonverbote' für Asylsuchende.[79] Ein Rayonverbot kann in der Schweiz gegen Personen verhängt werden, die nachweislich an Gewalttätigkeiten bei Sportveranstaltungen beteiligt waren. Diese Personen dürfen sich für eine bestimmte Zeit nicht mehr in einem festgelegten Bezirk oder einer Gebietszone aufhalten. Eine solche Bestimmung wurde in einer Gemeinde gegenüber Asylsuchenden generell verhängt, ohne dass sie sich etwas hätten zuschulden kommen lassen. Auch sie hätten sich generell nicht mehr in einem festgelegten Bezirk oder Ort aufhalten dürfen, nicht einmal in der Kirche. Allerdings führte der große Protest, auch vonseiten der Kirche, zu einer Korrektur.

Orthodoxe Juden, die an ihrer Kleidung leicht erkennbar sind, grüßte ich und wünschte ihnen Shalom oder einen gesegneten Sabbat. Meist blieben sie ganz überrascht stehen. Und wenn ich sie fragte, wie sie den Sabbat verbringen würden, dankten sie mir für mein Interesse. Nach außen wirken die traditionellen Juden vor dem Hintergrund des Orients eher verschlossen – sehr geprägt vom Westen – und an den anderen wenig interessiert. Aber mir ging immer mehr auf, dass sie sich zurückziehen aufgrund der Überzeugung, die anderen würden sich nicht für sie interessieren oder sogar gegen sie sein.

Bei den Palästinensern nahm ich eine große Resignation wahr. Gefragt über ihre Zukunftsperspektiven antworteten viele: „Heute überleben." Das ist verständlich, führt aber in immer größere Not. Wenn ich ihnen Salam wünschte, durfte ich erleben, wie Menschen, die beachtet und respektiert werden, überrascht aufleben.

XXVIII

Jeder Mensch trägt in seinem Herzen eine tiefe Sehnsucht. Es ist die Sehnsucht nach der eigenen Originalität in der Mitte der Liebe Gottes. Wie wir aus Erfahrung wissen, ist diese Sehnsucht manchmal unter dem Schutt unseres Alltags und unserer Erfahrungen begraben. Aber sie ist da. Wir können sie bei anderen nicht ‚von oben herab' befehlen. Wir können den Menschen nur dann in seiner Sehnsucht ansprechen, wenn wir ihn auf Augenhöhe im Blick haben. Der selige Charles de Foucauld (1858–1916), der von seiner Sehnsucht nach Leben in Fülle weit herumgetrieben wurde, konnte aus seiner eigenen Erfahrung im Heiligen Land sagen: „Eine einzige Seele ist mehr wert als das ganze Heilige Land. Man muss nicht dahin gehen, wo die Erde am heiligsten ist, sondern wo die Seelen in der größten Bedrängnis sind." Gerade deswegen ermutige ich aus eigener Erfahrung zu einer Reise ins Heilige Land. Auch mir wurde dort durch verschiedene Zufälle ganz nachdrücklich ein Weg gezeigt. Ein Weg, der mich zum Menschen in Not geschickt hat. Und welche neue Dimensionen Gottes und des Menschen haben sich mir durch die von Johann Sebastian Bach vertonte ‚Matthäuspassion' eröffnet, als ich dieses Werk an den verschiedenen dem Geschehen entsprechenden Orten in Jerusalem mehrmals ganz hören konnte!

Den Menschen werden wir im Blick haben, wenn uns die Menschwerdung Gottes immer wieder überrascht und seine

Hingabe für uns. Denn wer Gott wirklich ins Zentrum stellt, stellt auch den Menschen ins Zentrum. Und wer den Menschen ins Zentrum stellt, stellt Gott ins Zentrum. Diese Einsicht hält der heilige Papst Johannes Paul II. (1920–2005) für eine der größten Einsichten des Zweiten Vatikanischen Konzils: „Während verschiedene Geistesströmungen in der Vergangenheit und der Gegenwart dazu neigten und neigen, Theozentrik und Anthropozentrik voneinander zu trennen und sogar in Gegensatz zueinander zu bringen, bemüht sich die Kirche, darin Christus folgend, sie in der Geschichte des Menschen auf organische und tiefe Weise in Verbindung zu bringen. Das ist auch ein Grundgedanke, vielleicht sogar der wichtigste, in der Lehre des letzten Konzils.“[80]

XXIX

Diese Einheit von Theozentrik und Anthropozentrik führt mir in besonderer Weise die Plastik ‚Die barmherzige Dreieinigkeit‘ von Sr. Caritas Müller aus dem Dominikanerinnenkloster Cazis vor Augen. [Abbildung 3 www.kloster-einsiedeln.ch/HeuteimBlick] In der Mitte haben wir den Menschen. Das gefällt uns. Hier ist der Mensch aber nicht in seiner Überheblichkeit in der Mitte, sondern in seiner ganzen Erbärmlichkeit. Rechts: Gott Vater, der den Menschen in die Arme nimmt. Und der ihm auch unter die Arme greift. Denken wir an den barmherzigen Samariter, der den Menschen von der Straße aufhebt und für ihn sorgt.[81] Nebenbei bemerkt: Man kann den Skandal für die Frommen Israels mithören, wenn im Gleichnis ein samaritanischer Mann als Vorbild dargestellt wird – im Gegensatz zum jüdischen Priester und zum Leviten.

Links: Gott Sohn, der sich in den Staub beugt und dem Menschen die Füße küsst. Es erinnert an die Szene der Fußwaschung beim letzten Abendmahl.[82] Die Fußwaschung bringt die Hingabe Gottes an den Menschen auf eindrückliche Weise zum Ausdruck. Und oben: Gott Heiliger Geist, in der Gestalt einer Taube oder einer Feuerflamme. Der Heilige Geist, der den Menschen in seiner ganzen Armseligkeit durchdringen will. Die Pfingstsequenz spricht davon mit eindrücklichen Bildern: „Komm herab, o Heil'ger Geist, / der die finstre Nacht zerreisst, / strahle Licht in diese Welt. / Komm, der alle Armen liebt, / komm, der gute Gaben gibt, / komm, der jedes Herz erhellt. / Was befleckt ist, wasche rein, / Dürrem giesse Leben ein, / heile du, wo Krankheit quält. / Wärme du, was kalt und hart, / löse, was in sich erstarrt, / lenke, was den Weg verfehlt."[83]

Das ist unsere wahre Identität: Mitten in der Liebe Gottes sein. Das ist der Ort des Menschen – jedes Menschen. Wir können dem Menschen nur gerecht werden, wenn wir ihn in der Mitte der Liebe Gottes wahrnehmen. Wir dürfen wie Gott den konkreten Menschen in den Blick nehmen, den Menschen in seiner Größe und Würde, aber auch in seiner Erbärmlichkeit.

Mit dieser Haltung wird unser Glaube spannend. Genauso wie damals, als die Religion noch nicht langweilig war.[84] Wir entdecken die Lebendigkeit und die Herausforderung der Heiligen Schrift, der Psalmen, der liturgischen Texte. So wird wahr, was das Zweite Vatikanische Konzil gesagt hat: „Freude und Hoffnung, Trauer und Angst der Menschen von heute, besonders der Armen und Bedrängten aller Art, sind auch Freude und Hoffnung, Trauer und Angst der Jünger Christi."[85]

XXX

Der Mensch ist in der Mitte der Liebe Gottes. Das müsste eigentlich verwundern. Vielleicht ergeht es uns sogar wie einem Protagonisten im Roman ‚Der Mensch in seiner Nacht' von Julien Green: „Ich muss Ihnen etwas sagen, das Ihnen vielleicht ein Ärgernis ist: ich habe Mitleid mit Gott. Das können Sie nicht so recht verstehen; aber wenn ich ihn jedem Beliebigen ausgeliefert sehe, mir etwa, völlig wehrlos, wie auf Golgotha völlig dem Bösen ausgeliefert: ja, dann wird mir bange, und gleichzeitig überkommt mich Mitleid."[86]

Gott hat ein Herz für uns Menschen. Er hat ein erbarmendes Herz. Nicht von oben herab, sondern mit uns auf dem Weg. Davon erzählt uns die Bibel ohne Unterlass, wenn sie von Gottes Barmherzigkeit spricht. Wenn wir selbst erfahren haben, in der Mitte der Liebe Gottes zu sein, ändert sich unser Leben. Wir werden auch die anderen Menschen gegen alle Widerstände noch und noch in dieser Mitte suchen und hoffentlich auch wahrnehmen. Wir lernen, den Menschen zu lieben, wie er ist, und nicht, wie er sein sollte. Es entsteht eine neue Dynamik. Wir entdecken unsere eigene Berufung und das Geheimnis der Kirche neu. Aber auch dies ist keine einmalige Entscheidung. Es bleibt ein Prozess. Tag für Tag bringt mich die Begegnung mit Menschen zu Gott; und die Begegnung mit Gott bringt mich zu den Menschen.

Christusnachfolge misst sich an diesem Geheimnis. „Die Kirche muss der Ort der ungeschuldeten Barmherzigkeit sein."[87] Hier liegt wohl auch der Schlüssel zum Pontifikat von Papst Franziskus.[88] Der Bischof von Rom weiß, dass viele Menschen die Kirche nicht als Ort der Barmherzigkeit wahrnehmen. Er gibt die Schuld dafür nicht dem schlechten Willen der Menschen oder den Medien, sondern sucht die Gründe in der Kirche selbst und spricht das auch unverblümt an. Ein grundlegendes Problem liegt in der Theologie selbst. Die Barmherzigkeit Gottes ist weitgehend vergessen gegangen. Im Buch ‚Barmherzigkeit. Grundbegriff des Evangeliums – Schlüssel christlichen Lebens' legt Kardinal Walter Kasper den Finger auf die Wunde.[89] Bei seinem ersten Angelusgebet auf dem Petersplatz empfiehlt Papst Franziskus dieses Buch: „In diesen Tagen hatte ich die Gelegenheit, das Buch eines Kardinals, Kardinal Kaspers, eines Theologen, der sehr tüchtig ist, eines guten Theologen, über die Barmherzigkeit zu lesen. Und jenes Buch hat mir sehr gut getan, doch glaubt jetzt nicht, dass ich Werbung für die Bücher meiner Kardinäle mache! Dem ist nicht so! Doch es hat mir so gut, so gut getan. Kardinal Kasper sagte, dass von der Barmherzigkeit zu hören, dass dieses Wort alles ändert. Es ist das Beste, was wir hören können: es ändert die Welt. Ein wenig Barmherzigkeit macht die Welt weniger kalt und viel gerechter. Wir haben es notwendig, diese Barmherzigkeit Gottes gut zu verstehen, dieses barmherzigen Vaters, der so viel Geduld hat. Wir erinnern uns an den Propheten Jesaja, der sagt: Wären unsere Sünden auch rot wie Scharlach, so würde sie die Liebe Gottes weiß wie Schnee machen. Schön ist das, das mit der Barmherzigkeit!"[90]

Kardinal Kasper stellt in dem Buch mit Erschrecken fest, dass Barmherzigkeit, eine der kostbarsten Perlen unseres Glaubens, in der theologischen Dogmatik äußerst stiefmütterlich behandelt oder sogar übergangen wird. Dazu gehören seine eigenen Publikationen ebenso wie die des Dogmatikers Gerhard Ludwig Müller, des jetzigen Präfekten der Glaubenskongregation.[91] Eine solche Unterlassung ist umso bemerkenswerter, als die Barmherzigkeit Gottes jeden Tag in der Liturgie mehrmals ausdrücklich genannt wird, zum Beispiel im Benedictus[92] und im Magnificat[93], die im täglichen kirchlichen Stundengebet vorgesehen sind. Im Kyrie, im Gloria und im Agnus Dei in der Feier der Eucharistie bitten wir Gott um sein Erbarmen. Im Salve Regina wird Maria als die Mutter der Barmherzigkeit (Mater misericordiae) angesprochen. Offenbar hat in der Theologie und im kirchlichen Alltag das bekannte Wort ‚lex orandi, lex credendi' (die Kirche glaubt so, wie sie betet) nicht tief genug gegriffen, und zwar in einer zentralen Frage.

XXXI

Der heilige Papst Johannes XXIII. hat seit seiner Jugend in der Barmherzigkeit einen Kernpunkt des Glaubens entdeckt und gelebt. Er hat diesen auch dem Zweiten Vatikanischen Konzil mit auf den Weg gegeben, was aber in der Theologie erstaunlich wenig ausgelöst hat. Anders bei Päpsten und in der pastoralen Praxis. Das weitgehende Fehlen einer theologischen Reflexion dieses Themas in der Dogmatik hat in der Praxis manchmal zu Notlösungen geführt, die von der Kirche nicht gutgeheißen werden können, aber verständlich sind.

Bereits die zweite Enzyklika von Papst Johannes Paul II. war ganz dem Thema Barmherzigkeit gewidmet: ‚Dives in misericordia'. Dieses auch heute sehr empfehlenswerte Schreiben wurde in deutscher Sprache mit dem treffenden Titel ‚Der bedrohte Mensch und die Kraft des Erbarmens' publiziert.[94] 2002 erklärte der Papst den Sonntag nach Ostern zum ‚Sonntag der Barmherzigkeit'. Innerkirchlich wurde dieser Grundzug des Papstes zumal im deutschsprachigen Raum wenig wahrgenommen. Der Barmherzigkeitssonntag fand nur spärlichen Widerhall. Dies hat wohl nicht zuletzt damit zu tun, dass es Papst Johannes Paul II. nicht gelang, den ganzen ‚Kurien-Apparat' der Kirche in eine neue Dynamik hineinzunehmen. Das scheint auch sein Privatsekretär und jetzige Kardinal Stanislaw Dziwisz zu bestätigen, der in einer Publikation zur Heiligsprechung des Papstes immer wieder betont, dass das, was nun dem Papst aus Argentinien gelinge, auch der Traum des Papstes aus Polen gewesen sei. Die Schwierigkeiten in der Kurie seien immer wieder ein Hindernis gewesen.[95] Engagierte Katholikinnen und Katholiken vermissten mutige innerkirchliche Konsequenzen aus großartigen Einsichten und mutigem Auftreten in der Welt. Zudem förderte Papst Johannes Paul II. vorzüglich Theologen, die es den Menschen nicht einfacher machten, die Barmherzigkeit Gottes zu entdecken und zu erfahren.

Kardinal Joseph Ratzinger hat in seiner Predigt am Beginn des Konklaves, das zu seiner Papstwahl führte, das Thema der Barmherzigkeit in den Mittelpunkt gestellt: „Wir hören voll Freude die Ankündigung des Jahres der Barmherzigkeit: die göttliche Barmherzigkeit setzt dem Bösen eine Grenze – hat der Heilige Vater uns gesagt. Jesus Christus ist die göttliche Barmherzigkeit in Person: Christus begegnen heißt, der Barmherzigkeit Gottes begegnen. Der Auftrag Christi ist durch die priesterliche Salbung zu unserem Auftrag geworden; wir sind aufgerufen, ‚das Jahr der Barmherzigkeit des Herrn' nicht nur mit Worten, sondern mit dem Leben und mit den wirksamen Zeichen der Sakramente zu verkünden."[96] Dies nahm er auch als Papst in seinen Enzykliken ‚Deus caritas est' (2006)[97] und ‚Caritas in veritate' (2009)[98] auf. Aber auch hier ist der Durchbruch innerkirchlich nicht geschehen.

Die Kirche muss entschieden auf dem Weg bleiben und neu lernen, Barmherzigkeit nicht nur zu predigen, sondern auch und zuerst selber zu leben. Denn „es ist wahrlich kein Nebenthema, sondern ein grundlegendes Thema des Alten und des Neuen Testaments, ein grundlegendes Thema für das 21. Jahrhundert als Antwort auf die ‚Zeichen der Zeit'."[99]

XXXII

Auf diesen Einsichten über die Perle ‚Barmherzigkeit' gründet die Rede, die Kardinal Walter Kasper auf Einladung von Papst Franziskus im Februar 2014 vor allen versammelten Kardinälen gehalten hat.[100] Mit dieser Rede und der Diskussion darüber eröffnete der Papst offiziell einen Prozess für die Bischofssynoden im Herbst 2014 und im Herbst 2015 zum Thema ‚Pastorale Herausforderungen der Familie im Kontext der Evangelisierung'. Waren die bisherigen Bischofssynoden faktisch weitgehend Schalterdrehungen von oben herab[101], so wagt Papst Franziskus auch hier den in ‚Evangelii gaudium' vorgezeichneten Weg: Alle sollen offen ihre Erfahrungen und Visionen vortragen dürfen, angefangen von den Bischöfen bis zu den kürzlich Getauften.[102] Was eigentlich selbstverständlich sein sollte, löst aufgrund bisheriger festgefahrener Selbstverständlichkeiten Ängste aus.[103] Das ist nicht nur bei älteren Menschen der Fall, sondern auch bei jüngeren. „Ein ‚Legionär Christi' meinte zu Lombardi, er sei ‚perplex', wie undeutlich sich der Papst manchmal ausdrücke; die Worte ließen sich meist in die eine wie die andere Richtung interpretieren. Er fühle sich manchmal wie einer der Jünger Christi, die seine Gleichnisse nicht verstanden und ihn deswegen hinterher um Erklärungen baten."[104] Viele Leute auf der Straße beobachten und hören denselben Papst, aber interpretieren das Erlebte ganz anders. Ihre Erfahrung: Endlich verstehen sie den Papst und sie merken, dass hier einer lehrt, der Vollmacht hat, nicht wie die Schriftgelehrten.[105]

Die Rede von Kardinal Kasper wird heftig diskutiert. Sein Ansatz wird von einzelnen Theologen ganz abgelehnt.[106] Manche Argumentationen erinnern dabei an Gesetzeslehrer, denen der Blick und die Liebe für den konkreten Menschen fehlen. Was sie sagen ist nicht falsch, doch fehlt etwas Wesentliches, um wirklich katholisch zu sein. Nicht selten werden aber die Lehre der Kirche und die Situation des Menschen gegeneinander ausgespielt. Theozentrik und Anthropozentrik sind offensichtlich nicht in tiefer Weise verbunden.

Viele bisher als ‚papsttreu' bekannte Theologen verraten durch ihre Argumentation, dass sie ‚Evangelii gaudium' nicht gelesen haben oder den Inhalt ablehnen. Auch sind sie möglicherweise der Empfehlung des Papstes nicht gefolgt, das Buch von Kardinal Walter Kasper über die Barmherzigkeit zu lesen. Das aber ist fast eine Voraussetzung, um diese Rede in ihrem Anliegen zu verstehen.

Eine andere Frage ist die Lösung der Kirche für dieses Anliegen. Es gibt Stimmen – tatsächlich auch solche in jeder Hinsicht ‚von oben' –, für die klar ist: Alles muss beim Alten bleiben.[107] Ihnen wäre wohl lieber, die Bischofssynoden würden gar nicht stattfinden. Andere sehen die Lösung in Gleich-Gültigkeit. Beide Gruppen sind enttäuscht über das veröffentlichte Arbeitspapier[108] als Grundlage für die Synoden, weil darin keine Entscheidungen getroffen werden – schon vor der Synode. Bereits das Nachdenken über einen Prozess kann in diesem System nichts anderes bedeuten als das Gegenteil von jetzt. So kann man nach links und nach rechts nur wünschen, dass sie sich bewegen, in einen Prozess einsteigen und eine Dimension nicht vergessen oder sogar ausschließen, an die der Sondersekretär der Synode, Erzbischof Bruno Forte, erinnert: „Wir müssen auch gegenüber den Überraschungen des Heiligen Geistes offen sein.“[109]

Je mehr der Glaube als in sich geschlossenes System wahrgenommen wird, umso weniger hat die Barmherzigkeit Platz, und erst recht findet der Heilige Geist keinen Raum. Wir haben ein Gesetz! Alles ist klar. Barmherzigkeit wird in einem solchen Denken als Gnadenerweis von oben wahrgenommen, ein Entgegenkommen gegenüber dem Zeitgeist. So kommt es, dass in bestimmten Kreisen verständlicherweise mehr vom Zeitgeist die Rede ist als vom Heiligen Geist. Peinlich ist es freilich, wenn gegen den modernen Zeitgeist gewettert wird, um am Zeitgeist früherer Jahrhunderte kleben zu bleiben. Barmherzigkeit ist nicht ein Gnadenerweis von oben. Sie bedeutet vielmehr, dass die Kirche zum Menschen kommt und ihm dort liebend begegnet, wo er ist. So kann der Mensch die Erfahrung machen, dass er in der Mitte der Liebe Gottes ist.

XXXIII

Vieles bekommt damit eine überraschend neue Bedeutung, auch die Erfahrung der Sünde und das Sakrament der Versöhnung. Sünde ist nicht einfach das, was die Kirche verbietet. Sünde ist nicht ein Vergehen gegen ein System. Sünde ist

Lieblosigkeit oder Mangel an Liebe. Sünde ist: anderen, sich selbst und Gott etwas vormachen und damit gegen unsere tiefste Berufung handeln. Darum ist Sünde auch immer Mangel an Leben. In der Sünde benehmen wir uns daneben, unter unserer Würde und respektieren auch die Würde der anderen nicht. Sünde bringt nicht – wie erwartet – ein Mehr an Leben, sondern ein Weniger an Leben. Sünde macht unfrei, obwohl sie Freiheit verheißt. Bleiben wir darin gleichgültig, geraten wir leicht in ein immer dichteres Netz der Sünde.

Die Kirche muss also nicht ständig sagen: Das darfst du nicht tun! Es geht um viel mehr. Die Kirche darf ermutigend sagen: Mensch, du bist selbst in der Sünde zutiefst geliebt. Du brauchst nie an Gottes Barmherzigkeit zu verzweifeln.[110] Du bist zu mehr berufen! Du lebst unter deiner Würde! Die Kirche muss nicht sagen: Du musst zur Beichte gehen! Die Kirche darf ermutigend sagen: Du darfst zur Beichte gehen. Du musst nicht an der Sünde festgenagelt bleiben und darin gefangen bleiben. Auch wenn du heute im anprangernden Blick der Öffentlichkeit bist, darfst du heute noch im Blick der Liebe sein! „Es tut uns so gut, zu ihm zurückzukehren, wenn wir uns verloren haben!“[111] Die Priester erinnert der Papst daran, „dass der Beichtstuhl keine Folterkammer sein darf, sondern ein Ort der Barmherzigkeit des Herrn, die uns anregt, das mögliche Gute zu tun.“[112] Allerdings: Um das erfahren zu dürfen, müssen wir vom ‚So tun als ob‘ loslassen und zu uns selbst mit unseren Fehlern ohne Wenn und Aber stehen. Traurig ist es, wenn Menschen meinen, sie müssten Gottes Barmherzigkeit verdienen.

Die Feier des Sakramentes der Versöhnung gehört zu meinen tiefsten Erfahrungen der Gegenwart Gottes. Sogar in der Fastenzeit feiere ich dann ein Fest und gönne mir ein

Dessert. Gott sei Dank habe ich nie eine schlechte Erfahrung in der Beichte gemacht. Ich bin mir aber bewusst, dass viele Menschen gerade hier tiefe Verletzungen erlitten haben.

XXXIV

Warum haben wir den Menschen weitgehend aus dem Blick verloren, gerade auch als fromme Menschen, denen die Kirche viel bedeutet? In der Folge der konstantinischen Wende ab den Jahren 312/313 wurde das Christentum zur Staatsreligion. So konnte immer mehr der Eindruck entstehen, dass der Mensch für die Kirche da ist. Heute noch begegnen wir Spuren dieses Erbes. Zum Beispiel, wenn jemand klagt, dass die Menschen nicht mehr in die Kirche kommen. Mit dieser Aussage wird signalisiert, dass die Menschen für die Kirche da sind. Oder wenn argumentiert wird, dass wir genügend Priester hätten für die Menschen, die zur Kirche kommen. Einer solchen Argumentation fehlt die Katholizität.

Dank ihrer Machtposition waren Amtsträger der Kirche über Jahrhunderte gewohnt, von oben herab zu sprechen. Gott sei Dank gab es immer wieder Heilige, die den Menschen auf Augenhöhe begegnet sind. Sie haben sich nicht an weltlichen Amtsträgern orientiert, sondern an Gott selbst, der Mensch geworden ist. Der wirklich glaubende Mensch sitzt nicht hoch oben auf einem Berg in einer Festung, die von allen Seiten angegriffen wird und von der aus er in Überheblichkeit die anderen verurteilt. „Wer im Glauben voranschreitet, dem weitet sich das Herz“[113] – das ist nicht etwa Gleichgültigkeit, wie das eingebildete Festungsbewohner leicht vermuten, sondern Sein und Handeln aus lebendiger Beziehung mit Gott, der da ist, selbst in den tiefsten Niederungen der Menschen. Das ist nicht Anpassung an den Zeitgeist, sondern Nachfolge Christi.

Wenn nicht der Mensch im Zentrum ist, sondern ein detaillierter Katalog von Vorschriften, dann sind wir auch heute Pharisäer, die Jesus am meisten kritisiert. Sie waren damals von ihrer eigenen Gerechtigkeit überzeugt und verachteten die anderen.[114] Vergessen wir nicht, dass Jesus gerade an ihnen gescheitert ist. Die größten Sünderinnen und Sünder seiner Zeit gehen eher ins Himmelreich als die Schriftgelehrten![115]

Die Schriftgelehrten und die Pharisäer hatten Angst um den Sabbat.[116] Aber Jesus hat den Sabbat nicht weggenommen, sondern ihm eine tiefere, die ursprüngliche Bedeutung geschenkt. Auch wir haben Angst, dass wir etwas verlieren könnten. „Häufig verhalten wir uns wie Kontrolleure der Gnade und nicht wie ihre Förderer. Doch die Kirche ist keine Zollstation, sie ist das Vaterhaus, wo Platz ist für jeden mit seinem mühevollen Leben."[117] Bei der Begegnung mit Ordensleuten hat Papst Franziskus dazu ein Bild aus dem Hymnus der 1. Vesper am Josefsfest dargelegt: „Sorge dich um die Kirche mit eucharistischer Zärtlichkeit." Gott liebt uns, er vertraut sich uns an. Das meint eucharistische Zärtlichkeit. Mit einer solchen Haltung sollen wir dem Menschen begegnen. Das sollen Menschen auch in den Sakramenten erfahren. Mit eucharistischer Zärtlichkeit begegnet Papst Franziskus auch denjenigen, die sich durch ihn brüskiert fühlen: „Falls jemand sich durch meine Worte beleidigt fühlt, versichere ich ihm, dass ich sie mit Liebe und in bester Absicht sage, weit entfernt von jedem persönlichen Interesse oder einer politischen Ideologie. Mein Wort ist nicht das eines Feindes, noch das eines Gegners. Es geht mir einzig darum, dafür zu sorgen, dass diejenigen, die Sklaven einer individualistischen, gleichgültigen und egoistischen Mentalität sind, sich von jenen unwürdigen Fesseln befreien und eine Art zu leben und zu denken erreichen können, die menschlicher, edler und fruchtbarer ist und ihrer Erdenwanderung Würde verleiht."[118]

XXXV

Sollte nicht die christlich-humanistische Kultur, von der wir in kirchlichen Kreisen gerne sprechen, die sich aber auch Firmen und Organisationen auf ihre Fahne geschrieben haben und auf die sie sich berufen, Ausdruck der eucharistischen Zärtlichkeit sein? Und genau vom Untergang dieser Kultur ist heute oft die Rede. Was ist damit gemeint: Wirkliche Erfahrung der Liebe und Zuwendung Gottes? Oder eine geschichtlich gewachsene kulturelle Tradition, die nicht selten Menschen aus anderen Kulturen und mit anderen Überzeugungen aus dem Blickfeld schließt? Muss uns ein solcher Untergang Angst machen? Oder dürfen wir uns sogar als Getaufte darüber freuen? In der Fremde und im Blick von Außen klärt sich das eigene Selbstverständnis. In der Begegnung mit Menschen aus anderen Kulturen musste ich einige sehr dunkle Flecken in unserer christlich-humanistischen Kultur entdecken. Tatsächlich gibt es Dinge, die schon lange zurückliegen und uns heute noch beschäftigen – wegen unserer sogenannten christlich-humanistischen Kultur. Wie ist das möglich?

Während des Gaza-Krieges im Sommer 2014 waren oft Kommentare zu hören wie: „Dass die nicht einmal im Frieden leben können!“ oder „Die haben auch ständig Krach!“ Mit solchen Bemerkungen verraten wir, dass wir noch gar nichts verstanden haben. Wir tun, als ob wir verstehen würden, und urteilen über die anderen von oben herab. Wir tun, als ob wir die Herren der Macht wären.

Die christlich-humanistische Kultur ist seit der konstantinischen Wende im 4. Jahrhundert immer mehr auch ein Machtfaktor geworden. Seit Jahrhunderten sprechen wir über eine christlich-humanistische Kultur und meinen damit oft unsere westliche Machtposition: in der Kirche, in der Politik, in der Wirtschaft, in der Wissenschaft, im Sport usw. Zumindest haben weniger privilegierte Menschen – und das ist die große Mehrheit – die christlich-humanistische Kultur so verstanden und verstehen sie heute noch so. Dagegen wehren sie sich zu Recht. Unter dieser Kultur leiden auf den anderen Kontinenten Getaufte genauso wie Angehörige anderer Religionen. Dies zeigt deutlich, dass man nicht so schnell generalisierend von einer ‚christlichen Kultur‘ sprechen sollte.

Bleiben wir im Heiligen Land. Im 1. und 2. Jahrhundert mussten viele Juden wegen der römischen Herrschaft ihre Heimat verlassen. Warum sind sie im 19. und vor allem im 20. Jahrhundert zurückgekehrt? Weil wir in unserer sogenannten christlich-humanistischen Kultur gegenüber den Juden eine Kultur gelebt haben, die weder christlich noch humanistisch war. Mit diesen Menschen wurde noch und noch durch die Jahrhunderte hindurch respektlos und verachtend umgegangen. Das ist wohl der Hauptgrund für die Gründung des Staates Israel. Die zionistische Bewegung hatte Ende des 19. Jahrhunderts in ihren Plänen auch das Wohl der Palästinenser im Blick, also der Menschen, die dort schon lebten. Die westliche Welt – die christlich-humanistische Kultur –

kümmerte sich bei der Zustimmung zur Gründung des Staates Israel nicht wirklich um die Palästinenser, Muslime und Christen. Bis heute nicht. Nur weil wir immer noch in einer privilegierten Machtposition sind, können Menschen hier bei uns von oben herab sagen: Warum können Israelis und Palästinenser nicht in Frieden zusammenleben? Es ist traurig, dass es einzig Organisationen wie der Hamas gelingt, die seit 1948 nicht gelösten Probleme bei uns für ein paar Wochen in die Medien zu bringen. Allerdings realisieren wir meistens nicht, dass das Problem nicht einfach nur die gegenseitigen Raketenbeschüsse sind. Gewalt kann auch ein Hilfeschrei sein. Denken wir nur einmal daran, was es für die meisten Palästinenserinnen und Palästinenser bedeutet, keinen Pass zu besitzen! Wenn wir uns nicht um die Diskriminierten in dieser Welt kümmern, unterstützen wir mit dieser Haltung genau die Gruppierungen, vor denen wir zu Recht Angst haben. Wir tragen größere Verantwortung für die Konflikte im Nahen Osten, als uns bewusst ist. So lange wir uns darum sorgen, dass unsere Privilegien nicht ins Schwanken kommen und wir vor aller Weltöffentlichkeit wie Egoisten leben, bereiten wir den Boden für Kämpfe anderer um ihre Rechte – wenn nötig mit Gewalt. Solange wir zufrieden sind, wenn für uns alles gut läuft, werden andere weiter leiden und nach Gerechtigkeit schreien.

Nicht nur als getaufte, auch als vernünftige Menschen sind wir herausgefordert, politische Ausrichtungen zu unterstützen, die sich für Gerechtigkeit und Frieden für alle Menschen einsetzen. Denn „solange die Ausschließung und die soziale Ungleichheit in der Gesellschaft und unter den verschiedenen Völkern nicht beseitigt werden, wird es unmöglich sein, die Gewalt auszumerzen. Die Armen und die ärmsten Bevölkerungen werden der Gewalt beschuldigt, aber ohne Chancengleichheit finden die verschiedenen Formen von Aggression und Krieg einen fruchtbaren Boden, der früher oder später die Explosion verursacht.“[119]

Wir werfen anderen Ländern vor, dass sie den Prozess der Aufklärung noch nicht durchgemacht haben, und dabei hat der Westen selbst längste Zeit alles daran gelegt, dass das nicht passiert. Denn dies hätte unseren Wohlstand massiv gebremst. Bis heute lassen wir viele unserer Produkte unter katastrophalen Bedingungen zu billigen Preisen herstellen, und der Gewinn beim Verkauf landet im Westen. Nehmen wir als Beispiel die Smartphones. Unser Handy hat einiges zu beichten, wenn wir nur hören.[120] Darf uns das gleichgültig lassen? Auch heute noch kommen viele Ratschläge ‚von oben‘. Papst Franziskus spricht dies deutlich an: „Einige finden schlicht Gefallen daran, die Armen und die armen Länder mit ungebührlichen Verallgemeinerungen der eigenen Übel zu beschuldigen und sich einzubilden, die Lösung in einer ‚Erziehung‘ zu finden, die sie beruhigt und in gezähmte, harmlose Wesen verwandelt. Das wird noch anstößiger, wenn die Ausgeschlossenen jenen gesellschaftlichen Krebs wachsen sehen, der die in vielen Ländern – in den Regierungen, im Unternehmertum und in den Institutionen – tief verwurzelte Korruption ist, unabhängig von der politischen Ideologie der Regierenden.“[121]

XXXVI

Wie oft unterstützten die westlichen Länder mit Selbstverständlichkeit Diktatoren in Lateinamerika, Afrika und im Nahen Osten? Diese Haltung diente unserem Wohlstand. Saddam Hussein war lange ein Freund der westlichen Welt und wurde von dieser auch aufgerüstet. Dasselbe gilt für Muhamar Gaddafi und für Osama bin Laden. Als sie für uns gefährlich wurden, traten wir als Retter auf und brachten sie um. Wer kann in Ländern wie im Irak, Libyen oder Afghanistan heute Verantwortung übernehmen? Wir zerstören mit guten Gründen ein existierendes politisches System. Aber damit ist noch nichts Neues aufgebaut. Wir sind überrascht, dass die dort lebenden Menschen die befreite Situation nicht managen können. Wer auch immer Erfahrung in Führungsaufgaben hätte, hat loyal mit dem Diktator zusammengearbeitet. Die anderen sind nicht vorbereitet, eine solche Verantwortung zu übernehmen. In der Psychologie ist man sich selbst in der westlichen Welt klar: Wenn unter Menschen eine große Unzufriedenheit und Unruhe da ist, kommen meistens Personen mit narzisstischen und antisozialen Zügen an die Macht.[122] Wir aber werden dadurch immer noch überrascht. Auch unsere Hilfe, die wir zu Recht leisten, ist oft selbst im 21. Jahrhundert eine Hilfe von oben, Machtdemonstration des Westens. Und genau dies verstärkt langfristig den Konflikt.

Die aktuelle politische Weltsituation spiegelt sich erschreckend klar in einer Studie der UBS vom September 2014 wider.[123] Weltweit sind 2315 Personen Milliardäre, d. h. eine Person auf drei Millionen Menschen. Diese wenigen Milliardäre kontrollieren vier Prozent des finanziellen Reichtums. Den höchsten Anteil haben mit großem Abstand zu den anderen Erdteilen selbstverständlich das bevölkerungsschwache Europa und Nordamerika. „Während die Einkommen einiger weniger exponentiell steigen, sind die der Mehrheit immer weiter entfernt vom Wohlstand dieser glücklichen Minderheit."[124]

In den vergangenen Jahrzehnten hat sich einiges auch zum Positiven zu ändern begonnen, aber nicht so sehr aufgrund unserer besseren Einsicht, sondern aufgrund des Drucks von außen. Das gilt auch für die Banken. Mit dem Schreiben ‚Evangelii gaudium' hat Papst Franziskus angesichts des zum Himmel schreienden Unrechts dem Anliegen der Gerechtigkeit für alle in der ganzen Welt Gehör verschafft. Nicht zufällig erhielt er aus der westlichen Wirtschaftswelt die meiste Kritik. Sie ist offensichtlich zu sehr vertraut mit der sogenannten christlich-humanistischen Kultur.

XXXVII

Gewiss: Es gibt viele positive Aspekte in der christlich-humanistischen Kultur. Aber mit Atheisten wage ich zu sagen, dass zum Beispiel die Menschenrechte nicht eine Leistung der christlich-humanistischen Kultur sind. Sie sind vielmehr eine tiefe Einsicht wirklich christlich lebender Menschen. Die christlich-humanistische Kultur – und mit ihr auch die Kirchenleitung – hatte lange Zeit größte Mühe, die Menschenrechte zu akzeptieren, und bezichtigte die Verfechter der Menschenrechte der Häresie. In Wirklichkeit ist vieles, das wir dieser Kultur zuschreiben, weder christlich noch menschlich. Es ist eine Schande, dass die große Mehrheit der Weltbevölkerung (getaufte und nicht getaufte Menschen) diese Art christlich-humanistischer Kultur aus eigener Erfahrung und existentieller Not kennt, die dem Ideal nicht entspricht, auf das man sich beruft. Viele sind überzeugt, das bedeute christliches Leben. Welcher Hohn und welche Unverschämtheit, wenn Asylsuchende bei uns herablassend als

‚Wirtschaftsflüchtlinge' bezeichnet werden! Asylsuchende Menschen sind genauso Menschen wie du und ich. Sie lieben ihre Heimat, aber sie wünschen auch, in ihrer Würde respektiert zu werden. Sie wollen leben, nicht nur überleben. Wie uneinsichtig und unchristlich ist die Haltung von oben herab, die Flüchtlinge sollten dankbar sein, dass wir sie überhaupt aufnehmen. Wir sind offenbar immer noch von unserer Vorrangstellung in der Welt überzeugt. Wirklich christlich-humanistisch klingt anders, zum Beispiel so: „Auf die Globalisierung des Phänomens der Migration muss mit der Globalisierung der Nächstenliebe und der Zusammenarbeit geantwortet werden, um die Lage der Migranten menschlicher zu gestalten. Zugleich müssen die Bemühungen verstärkt werden, Bedingungen zu schaffen, die geeignet sind, eine fortschreitende Verminderung der Gründe zu gewährleisten, welche ganze Völker dazu drängen, aufgrund von Kriegen und Hungersnöten, die sich häufig gegenseitig bedingen, ihr Geburtsland zu verlassen. Mit der Solidarität gegenüber den Migranten und den Flüchtlingen müssen der Mut und die Kreativität verbunden werden, die notwendig sind, um weltweit eine gerechtere und angemessenere Wirtschafts- und Finanzordnung zu entwickeln, gemeinsam mit einem verstärkten Einsatz für den Frieden, der eine unabdingbare Voraussetzung für jeden echten Fortschritt ist. Liebe Migranten und Flüchtlinge! Ihr habt einen besonderen Platz im Herzen der Kirche, und ihr helft ihr, die Dimensionen ihres Herzens zu erweitern, um ihre Mutterschaft gegenüber der gesamten Menschheitsfamilie zum Ausdruck zu bringen. Verliert nicht eure Zuversicht und eure Hoffnung!“[125]

XXXVIII

Wir sind am Ende der sogenannten christlich-humanistischen Kultur. Gott sei Dank! Für mich ist aber auch klar, dass dies der Beginn einer wirklich christlich-humanistischen Kultur werden kann. Zuerst haben wir dazu im Westen – wie die Kirche – vom hohen Ross herunterzusteigen. Wir sind herausgefordert, einen seriösen Unterscheidungsprozess zu wagen und an einer neuen Kultur zu bauen. Was könnte das bedeuten? Papst Franziskus legt in unserer konkreten Situation einen Grundstein: „Während in der Welt, besonders in einigen Ländern, erneut verschiedene Formen von Kriegen und Auseinandersetzungen aufkommen, beharren wir Christen auf dem Vorschlag, den anderen anzuerkennen, die Wunden zu heilen, Brücken zu bauen, Beziehungen zu knüpfen und einander zu helfen, so dass ‚einer des anderen Last trage' (Gal 6,2). Andererseits entstehen heute viele Formen von Verbänden für den Rechtsschutz und zur Erreichung edler Ziele. Auf diese Weise zeigt sich deutlich das Verlangen zahlreicher Bürger nach Mitbestimmung – Bürger, die Erbauer des sozialen und kulturellen Fortschritts sein wollen."[126]

Um ein paar klare Notwendigkeiten kommen wir als Getaufte auf dem Weg zu einer wirklich christlich-humanistischen Kultur nicht herum.

Wir müssen lernen, dass eine wirklich christlich-humanistische Kultur nicht eine Theorie ist, sondern ein Lebensstil. Es geht nicht um Äußerlichkeiten, sondern um eine Lebenshaltung.

Wir müssen Jesus Christus neu entdecken. Auch das ist nicht einfach das Wissen von Glaubensantworten oder das

Kennen einer Theorie. Es geht um eine lebendige Beziehung mit dem Gott, der jeden Menschen liebt.

Wir müssen endlich erkennen, dass Egoismus das exakte Gegenteil eines christlichen und auch eines humanistischen Lebensstils ist.

Wir müssen entdecken und erklären, dass die Kultur der westlichen Welt nicht einfach per se eine christlich-humanistische Kultur ist (und das nicht etwa erst seit ein paar Jahrzehnten, sondern seit Jahrhunderten).

Wir müssen auch Sorge tragen für die Schöpfung. Dieser Aspekt einer christlich-humanistischen Kultur wird immer wichtiger, weil er die Lebensgrundlagen der ganzen Menschheit berührt.

Wir müssen um Vergebung bitten, wie das Papst Johannes Paul II. in besonderer Weise im Jubiläumsjahr 2000 getan hat[127] und Papst Franziskus das immer wieder tut.

Wir haben durch unsere Worte und Taten zu zeigen, dass Respekt, Fairness und Gerechtigkeit nicht nur für uns zählen, sondern für jeden Menschen, unabhängig von Nationalität, Rasse, Religion und Alter.

Wir müssen in unserem Teil der Welt viele Privilegien abgeben zum Wohl aller Menschen. Auch hier wäre eine Lösung per Knopfdruck katastrophal, aber eine solche wird früher oder später kommen, wenn ein Prozess von unserer Seite in Richtung Achtung und Gerechtigkeit für jeden Menschen nicht sofort auch außerhalb Europas und Nordamerikas spürbar wird. Es geht also nicht um kleinere oder größere Zugeständnisse von oben herab, sondern um Achtung und Wertschätzung jedes Menschen.

Wir müssen die Haltung der Gastfreundschaft wieder entdecken. Als ich einmal am frühen Morgen per Autostopp von Jerusalem nach Jericho unterwegs war, gab es einen Zwischenstopp in der palästinensischen Stadt Al-Azariya (das biblische Bethanien). Viele Leute waren auf dem Weg zur Arbeit. Ich fragte nach der Richtung Jericho. Da ‚Jericho' in arabischer Sprache ziemlich anders klingt, wurde ich nicht verstanden. Sofort suchten sie in der Menge einen englischsprechenden Mann. Bevor er gefunden war, wurde ich bereits mit Kaffee und Brot bedient. Das ist Gastfreundschaft gegenüber einem Fremden. Als ich in Jerusalem auf der Straße einem Jugendlichen mit einem großen Kuchen begegnete, sagte ich ihm im Scherz, wie fabelhaft es sei, dass er mir diesen Kuchen bringe, denn das sei meine Lieblingsspeise. Und er antwortete mir spontan: „Der ist für unsere Familie. Aber komm mit, du bist eingeladen!" Ein junges Paar lud mich nach einem kurzen Gespräch spontan zum Picknick in einem Park ein. Ob die angeführten Beispiele von Gastfreundschaft nicht weit mehr christlich-humanistische Kultur sind als das, was Fremde bei uns erfahren?

Zu wirklicher Menschlichkeit sind wir als Christen berufen. Wir müssen unsere Berufung neu entdecken und in Gemeinschaft mit anderen leben. Das ist Kirche. Dazu will uns der Bischof von Rom anspornen.

XXXIX

Das Programm, das Papst Franziskus der ganzen Kirche vorlegt, ist nicht nur franziskanisch, jesuitisch und dominikanisch, sondern auch zutiefst benediktinisch (es ist an der Zeit, wieder einmal das Gebet am Schluss des Buches, im

Abschnitt C hervorzunehmen). Im Mittelpunkt steht der Mensch, den Gott liebt. Der heilige Benedikt zitiert im Vorwort seiner Mönchsregel die Frage Gottes: „Wer ist der Mensch, der das Leben liebt und gute Tage zu sehen wünscht?“[128] Wie beeindruckend ist auch heute die Begründung Benedikts für das Kloster: „Wir wollen also eine Schule für den Dienst des Herrn einrichten. Bei dieser Gründung hoffen wir, nichts Hartes und nichts Schweres festzulegen. Sollte es jedoch aus wohlüberlegtem Grund etwas strenger zugehen, um Fehler zu bessern und die Liebe zu bewahren, …“[129] Diese Grundhaltung sollen auch die Menschen erfahren, die uns Getauften begegnen. Das ist das Feld, auf dem wir das Evangelium weiterschenken dürfen, mehr durch unser Leben als durch unser Sprechen.

In der Begegnung mit Ordensoberen ermutigte der Papst, neue Wege zu wagen, Dinge anders zu machen als gewohnt, kreativ zu sein. Gegenüber Jugendlichen sollen wir eine neue Sprache finden, die Dinge des Glaubens neu sagen.[130] Welch ein Geschenk für die jungen Menschen, wenn sie erfahren, dass wir sie lieben, ihnen mit Wertschätzung und Respekt begegnen, selbst wenn sie sich danebenbenehmen! Im Mittelpunkt dürfen nie Vorschriften und Gewohnheiten stehen, sondern Menschen in ihrer Einmaligkeit und Originalität. Vinzenz Pallotti schreibt: „Die Liebe fordert, dass wir jedem Menschen zu Hilfe kommen, der in Not ist, auch wenn wir feststellen, dass er Fehler hat.“[131] Was Staatssekretär Pietro Parolin am 17. Januar 2014 über die Diplomatie sagte, gilt auch für eine christliche Gemeinschaft: „Die Diplomatie muss menschlich sein. Ich denke, in ihrem Zentrum muss der Mensch stehen. Das scheint mir das erste und wichtigste Prinzip. Dazu möchte ich auch sagen, dass Papst Franziskus uns dazu bringt, den Menschen im Zentrum nicht auf abstrakte Art und Weise zu sehen, also den Menschen an sich. Vielmehr muss für uns jeder einzelne Mensch im Zentrum stehen und ganz besonders gilt das für die Armen, die Außenseiter, für schwache und besonders verletzliche Menschen, für die, die keine Stimme haben."[132]

In einer solchen Haltung bekommt die Verkündigung des Evangeliums eine ganz neue Bedeutung, keine amtliche, sondern eine persönliche: „Es geht darum, das Evangelium zu den Menschen zu bringen, mit denen jeder zu tun hat, zu den Nächsten wie zu den Unbekannten … Jünger sein bedeutet, ständig bereit zu sein, den anderen die Liebe Jesu zu bringen, und das geschieht spontan an jedem beliebigen Ort, auf dem Weg, auf dem Platz, bei der Arbeit, auf einer Straße."[133]

XL

Dem Menschen in beeindruckender Weise begegnet bin ich auch in zwei mir zugefallenen Büchern. Eines davon ist der Roman ‚Jeder Mensch in seiner Nacht' von Julien Green. Hier ringen Menschen um den Sinn des Lebens. Dabei werden alle Register gezogen. Die Spannweite reicht vom Verbrechen bis zur Heiligkeit, von der Todesangst bis zum höchsten Glück. Mich überrascht, dass ein Rezensent behaupten konnte, dass die hier dargestellten Schwierigkeiten aus einer anderen Welt kämen, für den heutigen Menschen kaum zugänglich seien.[134] Wer den Menschen wirklich begegnet, kennt diese und ähnliche Spannungen auch in unserer Zeit, in unserer unmittelbaren Umgebung. Sie kommen kaum zum Bewusstsein und folglich auch kaum zur Sprache, weil die Versuchung zur Oberflächlichkeit, das Betäuben von Spannungen oder das Ausleben jedes Wunsches die Lebensqualität mindern. Früher oder später steht jedoch jeder Mensch vor Fragen, die sich mit keiner billigen Antwort abspeisen lassen. Früher oder später erfährt jeder Mensch eine Sehnsucht, die letztlich unerfüllt bleibt.

Auch heute bleiben Menschen in ihrer Nacht allein. Sie können mit niemandem über ihre innere Not sprechen. Denken wir an die vielen Menschen, die sich das Leben nehmen. Nach einem Bericht der WHO sind das weltweit jährlich mehr Menschen, als in derselben Zeitspanne ihr Leben durch Kriege und Naturkatastrophen verlieren.[135] Die Zahl der Suizide ist auch bei uns erschreckend hoch. Immer wieder werden wir bei Durchsagen auf Bahnhöfen daran erinnert. Nehmen wir das zum Anlass, diese Menschen und ihre Angehörigen im Gebet mitzutragen oder machen wir uns vor allem Sorgen wegen der Verspätung des Zuges?

In der Schweiz wollen sich Bund und Kantone mit einem Aktionsplan zur Suizidfrage engagieren.[136] Und warum wurde die Kirche nicht einbezogen? Viele Getaufte sind Tag für Tag im Verborgenen bei den Menschen, damit sie ihren Weg in Gegenwart und Zukunft finden. Gott sei Dank! Die Medienmitteilungen von kirchlichen Führungsgremien aber stellen andere Sorgen und Probleme in den Vordergrund: zum Beispiel die Nichtrespektierung der Konfessionsgrenzen, das Sich-Verabschieden vieler Menschen von der Kirche, das Gespenst des Zeitgeistes, den Relativismus.

Ein überraschendes Innehalten zum Staunen

Gerade als ich die Zeilen des vorherigen Abschnittes spät in der Nacht auf meinem Computer getippt hatte, traf bei mir eine E-Mail aus Deutschland ein: „Geschätzter Abt emeritus, Sie sind die einzige ‚neutrale' Person, die mir in den Sinn gekommen ist, an die ich mich mit meinem Anliegen wenden kann und will. Könnten Sie einem nicht-katholischen Christen die Beichte abnehmen, oder könnte ich bei Ihnen mein Gewissen ‚erleichtern'? Fest steht, dass ich sowohl aus religiöser als auch aus moralischer Sicht gesündigt habe und nun in einer schwierigen Situation bin. Suizidgefährdet bin ich nicht, aber ich benötige Hilfe, um aus der momentanen Sackgasse herauszukommen. Allein werde ich es kaum schaffen. Darf ich Ihre Hilfe in Anspruch nehmen? Dürfte ich Sie in Einsiedeln besuchen? Für Ihre geschätzte Antwort danke ich Ihnen schon im Voraus herzlich. Mit Respekt und Hochachtung, Erasmus." Sofort antwortete ich: „Lieber Erasmus, Sie dürfen! Wenn wir uns treffen, werde ich Ihnen zeigen, was ich gerade am Computer geschrieben habe, als Ihre Anfrage eintraf. Sie werden staunen. Wann könnten Sie nach Einsiedeln kommen? Im Gebet mit Ihnen – ebenfalls mit Respekt und Hochachtung – verbunden, P. Martin."

Die große Not eines Menschen mit fast unlösbaren Problemen lässt Konfessionsgrenzen schwinden. Ich bin überzeugt, dass wir den Weg aus der ökumenischen Sackgasse finden, sobald wir nicht mehr um unsere Fraktionen besorgt sind, sondern um den Menschen. Wir sind nicht berufen, Fraktionswächter zu sein, sondern Zeuginnen und Zeugen der Liebe Gottes zu jedem Menschen. Die Wunder, die ich hier miterleben darf, lassen mich voll Vertrauen auf diesem Weg weitergehen.

XLb

Der Schweizer Regisseur Milo Rau konstatierte kürzlich einen Wertemangel in unserer Gesellschaft, und er stellte fest: Jungen Menschen fehlten Vorbilder. Damit erklärt er, warum junge Menschen aus unseren Ländern sich extremistischen und terroristischen Kreisen in anderen Kulturen anschließen. Der Weg in eine terroristische Gruppierung biete ihnen in dieser Situation die beste Perspektive.[137] Der in Deutschland lebende palästinensisch-israelische Psychologe und Autor Ahmad Mansour, früher selbst Islamist, erklärt sich das Phänomen so: Junge Menschen in Europa werden Islamisten „weil sie vorher unglücklich waren, weil sie auf der Suche sind. Und auf einmal finden sie eine Gruppe, die sie akzeptiert, wie sie sind. Das ist nur der Schein, natürlich müssen sie auch bestimmte Regeln befolgen, sie müssen beten, sie müssen sich der Gruppe anschließen, sie müssen sich vom Aussehen her anpassen, aber trotzdem: Sie finden Freunde, die sie unterstützen, die dabei sind."[138] Hören wir diese Schreie nach Sinn und nach Orientierung im Leben?

Julien Green macht im erwähnten Roman deutlich, dass die Kirche in diesem ihrem Kompetenzbereich oft fehlt. Nebenbei sei daran erinnert, dass dieser Roman zwei Jahre vor Beginn des Zweiten Vatikanischen Konzils geschrieben wurde. Warum gehen Menschen in ihrer Suche nach Erfüllung und mit der Last der Erfahrung ihrer inneren Zerrissenheit nicht zur Kirche? Dazu eine Szene aus Greens Roman: Ein

Sterbender braucht Hilfe, lehnt es aber ab, dass man einen Priesters ruft. „Nein, den nicht. Er ist ein guter Priester, aber er *muss* glauben, weil er ein Priester ist. Mit dir ist es etwas andres. Du hast es vorhin gesagt. Du bist wie ein Liebender."[139] Julien Greens Roman ist eine Herausforderung der Seelsorge – auch in unserer Zeit. „Mit Priestern kann ich nicht sprechen. Ich habe nichts gegen sie, aber sprechen kann ich mit ihnen nicht. Mit Ihnen, da kann ich sprechen. Sonderbar – aber es ist nun mal so. Ich kenne Sie nicht und kann Ihnen dennoch sagen, was ich nie jemandem gesagt habe, vor allem keinem Priester." Menschen in ihrer Nacht wollen nicht Belehrung von oben oder gar Verurteilung. „Ich will geliebt werden", sagt der Sterbende.[140] Die Kirche muss zu den Menschen gehen, weil sie sie liebt.

Menschen stören sich auch heute daran, dass die Kirche gerade dort nicht präsent ist, wo sie besonders nötig wäre. „‚Aber wer soll denn reden, wenn Menschen wie du schweigen?' fragte er und ließ den Arm des Vetters los. ‚Du hast kein Recht zum Schweigen, du hast den Glauben. Ein Glaubender schweigt zu einem solchen Fall nicht. Es gibt Millionen von Menschen wie mich auf Erden, und ihr, die ihr den Glauben habt, ihr begnügt euch damit, zu seufzen, wenn ihr an uns denkt."[141]

Papst Franziskus ruft uns Christen zu Recht auf, nie den Kontakt zur Realität zu verlieren: „Auch das ist Teil des christlichen Zeugnisses: Es ist eine Herausforderung, angesichts einer Leitkultur, die den Schein und das Oberflächliche und Provisorische an die erste Stelle stellt, die Realität zu lieben."[142] Julien Green schildert, wie Menschen in ihrem religiösen Tun nicht zur Weite des Herzens geführt werden, sondern zur Verzweiflung. „Ich bin einer von denen, die an der Kristallmauer ‚Vollkommenheit' zerschellen."[143]

XLI

Das andere Buch ist ‚Attaccante nato' (Der geborene Stürmer)[144] vom italienischen Profifußballer Stefano Borgonovo (1964–2013). Die Saison 1988/89 verbrachte er beim AC Florenz und schuf mit 14 Treffern in 30 Serie-A-Partien den Durchbruch in Italiens höchste Spielklasse. Der Ehemann und Vater von vier Kindern starb nach achtjährigem Kampf gegen die unheilbare Nervenkrankheit ALS (Amyotrophe Lateralsklerose). Diese Krankheit – Borgonovo nennt sie das Ungeheuer – lässt an einem Organ nach dem andern die Muskeln schwinden, außer den Augenmuskeln. Und das bei vollem Bewusstsein. Bei Stefano Borgonovo begann der Verlauf der Krankheit mit der Zunge und den daraus resultierenden Sprechproblemen. Wochen nach meiner Lektüre seiner bewegenden Gedanken hat die Aktion ‚Ice Bucket Challenge' im Sommer 2014 dazu beigetragen, die Krankheit in der Öffentlichkeit bekannt zu machen.

Stefano konnte schlussendlich nur noch die Augen bewegen. Mit den Augen kommunizierte er. Mit diesen konnte er dank modernster Technik schreiben und so die Krankheit und den Menschen in dieser Situation in der Öffentlichkeit zur Sprache bringen, wie das vorher nie möglich war. Pro Sekunde schaffte er mit viel Übung einen Buchstaben. Was Stefano in seinem Buch zum Ausdruck bringt, bewegt mehr als jede kirchenamtliche Stellungnahme zu aktuellen Fragen zum würdigen Leben und würdigen Sterben. Ich habe noch nie bei einer Lektüre so geweint wie bei diesem Buch. Nicht weil ich tieftraurig wurde, sondern im Innersten berührt und ermutigt. Der geborene Stürmer hat uns viel zu sagen über den Menschen, der in der Mitte der Liebe Gottes ist, obwohl er selten über Gott schreibt.

„Ich lache gerne. Ja, auch jetzt noch, wo manche meinen, es gäbe nichts zu lachen. Ich bin noch immer ich selber. Ich bin glücklich, dass ich glücklich bin. Ich habe gelernt, das wertzuschätzen, was mir geblieben ist: Die Freunde, die positiven Gefühle, eine Bewegung hie und da. Ich sehe die guten Seiten des Lebens und fühle mich privilegiert – trotz allem. Ich weiß, dass es Menschen gibt, die weniger haben als ich. Warum soll ich also nicht lachen?" Und lachen konnte Stefano ‚nur' mit seinem Herzen und den Augen.

„Oft werde ich gefragt, was das letzte Wort war, das ich gesagt habe. Ich weiß es nicht mehr. Ich kann mich nicht erinnern. Wenn ich aber ein bisschen poetisch werden darf, würde ich mir wünschen, dass es ‚Danke' war. Danke an Chantal, danke an meine vier Sterne, Andrea, Alessandra, Benedetta und Gaia. Danke an all jene, die mir nahe waren, die mich immer respektiert haben. Danke an die Welt des Fußballs."

Und wenn es um die Frage ‚leben oder sterben' geht? „Ein Doktor kam zu mir und wollte mich sprechen. Er war sehr direkt: ‚Stefano, von selbst kannst du nicht mehr atmen, dein Atmungsapparat ist beschädigt.' Pause. ‚Willst du künstlich beatmet werden? Willst du an eine Maschine angehängt leben? Wenn ja, mach die Augen zu …' Der Moment der Entscheidung war gekommen. Es ging um alles: leben oder sterben? Noch mehr, schlecht leben oder leidend sterben? Das ist die Frage des Jahrhunderts, die sich niemand stellen möchte. Das ist kein Quiz. Keiner kann dir helfen. Vor allem musst du rasch antworten. Du hast keine Zeit. Du musst dagegenhalten und hast nur eine einzige Möglichkeit zur Wahl. Leben oder sterben? Leben oder sterben? Der Kopf droht dir zu platzen, während er die schwierigste Entscheidung deines Lebens verarbeitet. Gianluca Signorini, Ex-Kapitän von Genua, erstickte an der eigenen Luft, das Ungeheuer hatte ihn ein für alle Mal niedergestreckt. Und wie ich daran denken musste. Ich würde sagen, dass ich einen Augenblick extrem berührt war, obwohl das der Moment war, in dem ich hätte antworten sollen. Und Chantal. Und meine Kinder. Ich war Ehemann und Familienvater. Keiner der beiden [d. h. Ehefrau und Kinder] konnte so feig sein und die Flucht ergreifen. Und dann gab's da auch noch mich. Denn am Scheideweg musst du ein Egoist sein, zumindest ein bisschen. Ich war auch was wert, menschlich sehr viel. Dazu kamen die Millionen, welche die Vereine ausgaben, um meine Tore zu kaufen, als ich noch spielte. Leben oder sterben? Leben oder sterben? Um die Wahrheit zu sagen: die Entscheidung fiel mir nicht so schwer wie vermutet. Wenn man darüber nachdenkt, wenn man klar genug ist, um zu kapieren, dass das Leben das schönste ist, was es gibt, dann wird man draufkommen, dass die Probleme, die Ungeheuer nicht zählen. Das Leben ist einzigartig, in jeder Hinsicht. Du kommst auf die Welt, wächst heran, leidest, schaffst ein anderes Leben. Ein Leben, das es zu lieben gilt. Ein Leben, das es zu retten gilt, eines, das man an ein Beatmungsgerät anhängt, indem man ein Röhrchen in die Luftröhre steckt. Das war mein Leben. Natürlich wollte ich weiterleben. Im Grunde genommen war die Frage dumm. Ich schloss die Augen, für einige Sekunden, ich hielt sie fest zu. Ich schlief ein. Glücklich."

Solche Worte ermutigen, nicht nur in Fachliteratur und Hirtenschreiben nach Antworten auf die Fragen unserer Zeit zu suchen.

XLII

Gott spricht zu uns auf überraschende Weise und durch Leute, von denen wir nicht viel erwarten. Er kann sogar durch den Zeitgeist zu uns reden. In Gesprächen mit Menschen, die sich aus der Kirche verabschiedet haben, ist mir eines aufgegangen: Diese stören sich sehr oft nicht am Wesentlichen des Glaubens, sondern an der Selbstverständlichkeit, mit der wir das Wesentliche des Glaubens nicht leben. Wir tun so, als ob wir glauben würden. Aber wir glauben nicht wirklich. Wir nennen uns katholisch (dieses Wort könnte man auch mit ‚weitherzig' übersetzen), sind es aber offensichtlich nicht. Gerade so verlieren wir Glaubwürdigkeit, nicht selten in der Art und Weise, wie wir selbst mit Krisen umgehen und mit Menschen in Krisen.[145] Gott spricht zu uns auch durch Menschen, die es wagen, ihre Not gegen alle Widerstände in die Öffentlichkeit zu tragen.[146] Nicht immer ist Gottes Stimme angenehm zu hören, besonders wenn sie uns in unserem selbstverständlich gewordenen Festgefahrensein aufrüttelt.

Ich erinnere mich noch gut an eine Eucharistiefeier in unserer Gnadenkapelle anlässlich einer Goldenen Hochzeit. Mit dabei war auch ein Enkel des Jubelpaares. Yanis, ein aufgeweckter 4-jähriger Knabe, hing mir während des ganzen Gottesdienstes geradezu an den Lippen. Er sang das Alleluja nach der Lesung aus vollem Herzen mit. Dabei war allerdings nur der Text identisch mit dem Text, den alle andern sangen, aber auch die Melodie kam von Herzen. Als ich den Psalm 47 zu singen begann, klatschte Yanis begeistert in die Hände. Dann aber stellte Yanis mit Schrecken fest, dass er allein klatschte. Ich wusste zuerst nicht, was jetzt los war. Er drehte sich verwundert zu seiner Mutter und fragte sie halblaut: „Warum machen wir nicht, was er uns sagt?“ Erst dann merkte ich, dass er nur tat, wozu ich aufgerufen hatte: „Ihr Völker alle, klatscht in die Hände.“[147] Mir kam unweigerlich das Wort Marias bei der Hochzeit in Kana in den Sinn: „Was er euch sagt, das tut!“[148]

Warum machen wir nicht, was Er uns sagt? Diese Frage wird immer wieder an uns Christen gerichtet: Von suchenden und enttäuschten Menschen, von alten und jungen, von nahe stehenden und von ferne stehenden. Diese Frage ist eine Anklage, die seit Beginn des Christentums im Raume steht. Es ist nicht angenehm, aber heilsam, sich dieser Frage zu stellen. „Warum machen wir nicht, was Er uns sagt?“ Die Antworten können ganz verschieden ausfallen. Oft hören wir gar nicht, was Er uns sagt, weil wir – wie das für Erwachsene üblich ist – schon mit etwas anderem beschäftigt sind. Yanis hat zugehört und getan, was er gehört hat. Nicht selten wollen wir gar nicht hören, weil wir uns nicht ändern wollen. Wir haben uns eingerichtet und dabei soll es bleiben. Oder uns fehlt schlicht und einfach die Kraft zu tun, was Er uns sagt. Die Bequemlichkeit kann einen solch festen Platz in unserem Leben haben, dass wir uns nicht stören lassen wollen. Der heilige Benedikt sieht im hartnäckigen Eigenwillen das zentrale Hindernis, zu hören und zu tun, was Er uns sagt. Wir alle kennen auch die Macht der Gewohnheit, die es uns praktisch verunmöglicht, uns zu bekehren. Nicht selten behindert uns der Gedanke: Was denken die andern, wenn ich mich jetzt plötzlich anders verhalte, als dies bisher bei mir üblich war? Dabei sollten wir uns doch freuen, wenn die andern überhaupt denken. Prägungen oder Charaktereigenschaften können wie Ketten sein, die uns in unserer Christusnachfolge ständig zurückhalten. Diese und viele andere Gründe, warum wir es mit der Nachfolge Christi nicht immer so ernst nehmen, sind uns wohl allen mehr oder weniger bekannt.

XLIII

Das ‚Tun als ob' kennen wir nicht nur im Glaubensleben. In Kleinigkeiten üben wir es von Kindheit an. Wir alle wissen aus Erfahrung, dass die schönsten und wertvollsten Fotos diejenigen sind, die einfach spontan gelungen sind. Und doch lehren wir bereits Kinder, für Fotos zu posieren. Wir müssen einen guten Eindruck machen. Wir und andere sollen mehr darstellen, als wir sind. Und dabei stellen wir in solchen Momenten gerade weniger dar.

Wenn ein Citroën 2CV, eine ‚Ente', wie ein Lexus fahren will, so wirkt das nur komisch. Das sorgt für Schadenfreude und Spott. So tun als ob wirkt auch im Glaubensleben lächerlich. Der heilige Benedikt warnt vor dieser Haltung: „Nicht heilig genannt werden wollen, bevor man es ist; sondern es zuerst sein, damit man mit mehr Grund so genannt werden kann."[149]

Als Getaufte sind wir nicht Angekommene, sondern Menschen, die in Gottes Gegenwart zusammen mit vielen anderen Menschen auf dem Weg sind. Und auf diesem Weg gilt uns die Weisung von Roger Schutz, dem Gründer der ökumenischen Gemeinschaft im burgundischen Taizé: „Lebe, was du vom Evangelium verstanden hast, und sei es auch noch so wenig." Zu einem solchen prozesshaften Weg ermutigt auch Papst Franziskus: „Es wird von uns nicht verlangt, dass wir makellos sind, sondern vielmehr, dass wir immer im Wachsen begriffen sind, dass wir in dem tiefen

Wunsch leben, auf dem Weg des Evangeliums voranzuschreiten, und den Mut nicht verlieren."[150]

Die Versuchung, so zu tun als ob, ist groß – selbst in der Liturgie. Es gibt Seelsorgerinnen und Seelsorger, die in der Liturgie ganz theatralisch auftreten und sich selbst in den Mittelpunkt stellen. Von der Gegenwart Gottes ist da nicht mehr viel zu spüren. Nicht etwa, weil er nicht da wäre, sondern weil wir ihm im Wege stehen. Von konservativer Seite wird solches Gehabe zu Recht kritisiert. Allerdings können auch Priester, die sich genau an die Vorschriften halten, auf ähnliche Weise theatralisch wirken und sich selbst zelebrieren. Das führt in konservativen Kreisen so weit, dass die Heiligkeit eines Priesters gemessen wird an der Zeit, wie lange und wie hoch er nach den Konsekrationsworten die Hostie und den Kelch in die Höhe hält oder wie lange er knien bleibt. Das klagte mir eine besorgte Verantwortliche einer frommen Vereinigung.

Auf einer Zugfahrt, kurz vor dem Aussteigen, überfiel mich eine Frau mit Forderungen, für die ich als Priester in der Kirche kämpfen müsse. Ich konnte dieser guten Frau nur noch eines sagen: „Merken Sie nicht, dass Sie allen im Weg stehen?"

XLIV

Das große Problem in unserem persönlichen Leben – aber auch im Leben der Kirche – ist nicht das, was wir gemeinhin unter Sünde verstehen, sondern die Doppelbödigkeit. Doppelbödigkeit ist die größte Sünde, weil wir uns selbst und den anderen etwas vormachen und vielleicht sogar denken, dass auch Gott nicht mitkommt. Wir tun als ob. Damit stehen wir allen im Weg. Papst Franziskus spricht darüber mit den Ordensoberen: „Einen jungen Mann in ein Seminar aufnehmen, der ein Ordenshaus verlassen musste wegen Problemen in der Formation und ernsthaften Gründen, ist ein großes Problem. Ich spreche nicht über Leute, die erkennen, dass sie Sünder sind: wir alle sind Sünder, aber wir sind nicht alle korrupt. Sünder werden aufgenommen, aber nicht Leute, die korrupt sind.“[151]

Nirgendwo spricht Jesus so drastisch die Doppelbödigkeit und Heuchelei an wie bei den Schriftgelehrten und Pharisäern. Wenn die Kirche die entsprechenden Texte auch heute im Gottesdienst vorlesen lässt, so gewiss nicht als historische Erinnerung, sondern darum, weil Jesus die Worte auch an uns richtet, besonders an die Amtsträger: „Weh euch, ihr Schriftgelehrten und Pharisäer, ihr Heuchler! Ihr verschließt den Menschen das Himmelreich. Ihr selbst geht nicht hinein; aber ihr lasst auch die nicht hinein, die hineingehen wollen. Weh euch, ihr Schriftgelehrten und Pharisäer, ihr Heuchler! Ihr zieht über Land und Meer, um einen einzigen Menschen für euren Glauben zu gewinnen; und wenn er gewonnen ist, dann macht ihr ihn zu einem Sohn der Hölle, der doppelt so schlimm ist wie ihr selbst.“[152]

Das selbstgerechte Tun ist Ausdruck dieser Doppelbödigkeit, die Jesus nicht so sehr bei den einfachen Leuten sah, sondern vor allem bei den religiösen Führern seiner Zeit. Das Beispiel vom Pharisäer und vom Zöllner, das Jesus denen erzählte, die von ihrer eigenen Gerechtigkeit überzeugt waren und die anderen verachteten, spricht da Bände.[153] Es lohnt sich übrigens, einmal das Lukasevangelium zu lesen, Tag für Tag abschnittsweise, nicht um sich weiterzubilden, sondern um Jesus zu begegnen.[154] Wir werden ständig überrascht.

Die Pharisäer waren – zumindest in ihren eigenen Augen und in der Beurteilung ihrer Anhänger – die Rechtgläubigen. Und gerade sie hat Jesus zurechtgewiesen. Keine andere Gruppe muss härtere Worte hören. Diese Gruppe hat wesentlich zum Kreuzestod beigetragen, nicht etwa die vielen Sünder, auf die die Pharisäer verächtlich heruntergeschaut haben. Für die Pharisäer war alles klar. „Wir haben ein Gesetz, und nach diesem Gesetz muss er sterben."[155] Wir können genau derselben Versuchung erliegen. Immer wieder mögen wir hineinschlittern. Bleiben wir darin, wird es gefährlich – für uns selbst und auch für die andern, obwohl alles Äußere korrekt bleibt. Wir haben das Wesentliche des Glaubens nicht mehr im Blick. Darum tun wir gut daran, uns immer wieder zu prüfen und umzukehren. Wenn wir selbstgerecht über die andern richten, sollten wir aufhorchen. Wenn für uns alles klar ist, müssten wir erschrecken. Wenn wir ein Gesetz haben, können wir Jesus Christus heute mit fromm scheinenden Sprüchen ans Kreuz bringen. Wir selber haben Umkehr immer wieder nötig, nicht nur die anderen. Das gilt selbstverständlich auch für den Verfasser dieser Zeilen.

XLV

Traditionell wird Häresie als formale Absage von Glaubenswahrheiten verstanden. „Häresie nennt man die nach Empfang der Taufe erfolgte beharrliche Leugnung einer mit göttlichem und katholischem Glauben zu glaubenden Wahrheit oder einen beharrlichen Zweifel an einer solchen Wahrheit."[156] Dabei vergisst man leicht, dass eine formale Absage eine innere Verabschiedung und das Verharren darin voraussetzt und dies die eigentliche Häresie ist. Unser Verständnis von Häresie ist stark geprägt von unserem veräußerlichten Verständnis von Kirche. Häresie bekommt eine viel tiefere und auch uns selbst betreffende Bedeutung, wenn wir Worte ernst nehmen wie: „Nicht jeder, der zu mir sagt: Herr! Herr!, wird in das Himmelreich kommen, sondern nur, wer den Willen meines Vaters im Himmel erfüllt."[157] Diese klare Aussage wird an verschiedenen Stellen konkretisiert. „Wer den Willen Gottes erfüllt, der ist für mich Bruder und Schwester und Mutter."[158] In überraschender und zugleich tröstender und erschreckender Weise heißt es in der Gerichtsrede: „Kommt her … Was ihr für einen meiner geringsten Brüder getan habt, das habt ihr mir getan"[159] und „Weg von mir … Was ihr für einen dieser Geringsten nicht getan habt, das habt ihr auch mir nicht getan."[160] Und beide Male sind die Angesprochenen überrascht. Für sie ist nicht alles klar.

Orthodoxie und Orthopraxie gehören zusammen. Theozentrik und Anthropozentrik gehören zusammen. Das erzeugt eine Spannung. Und diese müssen wir aushalten. Der heilige Papst Johannes Paul II. kommentiert Mt 25,35–36 mit folgenden Worten: „Diese Aussage ist nicht nur eine Aufforderung zur Nächstenliebe; sie ist ein Stück Christologie, das einen Lichtstrahl auf das Geheimnis Christi wirft. Daran misst die Kirche ihre Treue als Braut Christi nicht weniger, als wenn es um die Rechtgläubigkeit geht."[161] Deutlicher könnte man das nicht sagen. Wer wirklich kirchlich sein will, kann nicht im Gottesdienst auf das Wort Jesu „Ich war fremd, und ihr habt mich nicht aufgenommen" selbstverständlich mit „Lob sei dir, Christus" antworten und gleichzeitig Parteien und Initiativen mit fremdenfeindlichen Haltungen unterstützen. Selbstverständlich muss die Aufnahme von asylsuchenden Menschen geregelt werden. Aber wenn diesen Menschen grundsätzlich mit Verachtung begegnet wird (verschiedene Parolen und Plakate sind diesbezüglich deutlich genug), müssten Getaufte aufstehen und protestieren. Dann würde auch eine Initiative wie ‚Marsch für das Leben' vom Moment der Empfängnis bis zum Tod einiges glaubwürdiger. Diese katholische Sicht legt Johannes Paul II. uns nahe: „Aus der innerkirchlichen Gemeinschaft öffnet sich die Liebe, wie es ihrer Natur entspricht, auf den universalen Dienst hin und stellt uns in den Einsatz einer tätigen, konkreten Liebe zu jedem Menschen. Das ist ein Bereich, der das christliche Leben, den kirchlichen Stil und die pastorale Planung gleichermaßen bestimmt und kennzeichnet. Das Jahrhundert und das Jahrtausend, die im Anbruch begriffen sind, werden noch sehen müssen – und es ist wünschenswert, dass sie das mit größerem Nachdruck tun –, zu welcher Hingabe die Liebe zu den Ärmsten fähig ist."[162] Ansonsten verlieren wir unsere Glaubwürdigkeit ob der Doppelbödigkeit. Wenn wir mit unserem Zeugnis nicht bestätigen, was wir mit den Worten behaupten, verfehlen wir uns gegen unsere Hoffnung und unseren Glauben, was bereits der Kirche in den ersten Jahrhunderten klar war: „Was wir sagen, scheint vorgetäuschte und erdichtete Schönfärberei zu sein. Vergeblich erwecken wir mit Worten den Anschein des Mutes, wenn wir seine Echtheit durch die Tat zunichte machen."[163]

XLVI

Häresie ist auch, wenn Orthodoxie und Orthopraxie auseinandergerissen werden und auseinandergerissen bleiben. Dies führt in Dantes Hölle: „Nicht Tun, nein. Nichttun nur, hat mich verbannt / Hinab verbannt von hoher Sonne Strahlen, / Die du ersehnst, die ich zu spät erkannt."[164] Die Sorge um Einheit von Orthodoxie und Orthopraxie ist im Gebet der Kirche immer wieder präsent, zum Beispiel im dritten Hochgebet: „Beschütze deine Kirche auf ihrem Weg durch die Zeit und stärke sie im Glauben und in der Liebe." Der heilige Paulus formuliert das gegen alle Tendenzen des Auseinanderreißens: In Jesus Christus kommt es nicht auf Äußerlichkeiten an, sondern darauf, „den Glauben zu haben, der in der Liebe wirksam ist."[165]

Wir nehmen die Einheit von Orthodoxie und Orthopraxie nicht ernst, wenn wir immer noch mit Selbstverständlichkeit einfach diejenigen als praktizierende Christinnen und Christen bezeichnen, die am Sonntag zur Kirche gehen. Die Kirche spricht seit alters her von vier Säulen des christlichen Lebens: Liturgie, Diakonie, Zeugnis, Gemeinschaft. Unser Verständnis von praktizierenden Getauften scheint ausschließlich von der Säule Liturgie bestimmt zu sein. Und dies dazu noch in aller Äußerlichkeit. Die anderen Aspekte christlichen Lebens lassen wir sehr oft außer Acht. Nach Weltjugendtreffen bin ich mehrmals der skeptischen Frage begegnet, wie viele dieser Millionen jungen Menschen am nächsten Sonntag wohl zur Kirche gehen werden? Mit der gleichen Logik beurteilt ein Kardinal die Begeisterung für Papst Franziskus, die er offensichtlich nicht teilt: „Das ist oberflächlich. Wäre diese Bewegung eine religiöse, wären die Kirchen voll."[166] Drängen wir nicht gerade mit unserem immer noch so eingefleischten einseitigen Glaubensverständnis viele aus der Kirche? Ich kenne viele Jugendliche und Erwachsene, die in den Bereichen Diakonie und Gemeinschaft sehr wohl praktizierende Getaufte sind, aber wir sprechen es ihnen offiziell ab, weil sie am Sonntag nicht zur Kirche gehen. Im Bereich des Zeugnisses fühlen sich junge Menschen bei uns oft sehr einsam. Das Sprechen über Glaubensfragen und Glaubenszeugnisse ist selbst in kirchlichen Kreisen ein Tabu. Viele Jugendliche erfahren in unseren Pfarreien kaum Gemeinschaft, in der das ganze Leben Heimat und Orientierung findet. Die vier Säulen dürfen nicht gegeneinander ausgespielt werden. Wenn wir nur eine betrachten und danach Menschen beurteilen, werden wir weder dem Menschen noch unserem Glauben gerecht. Wir dürfen für die vorhandenen Säulen dankbar sein und sie stärken. Nur so können wir Menschen auch motivieren, an den fehlenden Säulen zu arbeiten.

XLVII

Die Versuchung zur Häresie ist bei jedem glaubenden Menschen da: schleichend, dann aber dauernd auseinanderreißen, was eigentlich zutiefst zusammengehört und das Stückwerk für das Ganze des Glaubens verkaufen. Darum ist auch ständig eine Umkehr gefordert. Dabei nimmt eine Menschengruppe, denen wir oft am liebsten einen Flug ‚Mond einfach' schenken würden, eine besondere Stellung ein: unsere Kritikerinnen und Kritiker. Der Wüstenvater Evagrios Pontikos (345–399) nennt sie ‚Wohltäter'. Sie sind ihm größere Hilfe auf dem Weg zu Gott als alle, die ihn bewundern. Mary Ward (1585–1645) nennt sie ‚Jerusalemer', weil sie uns helfen, das himmlische Jerusalem zu erreichen. Wenn es stimmt, was die Kritikerinnen und Kritiker sagen, dürfen wir ihnen dankbar sein. Wenn es nicht stimmt, sollte es uns nicht aus der Bahn werfen.

Aber hier geht es um mehr als um eine festgefahrene Bahn. Innere Verabschiedung von wesentlichen Inhalten des Glaubens kann sehr wohl mit äußerer formaler Zustimmung einhergehen. Nicht selten gefährdet das Festhalten an Äußerlichkeiten das Wesentliche des Glaubens. Johann Wolfgang von Goethe (1749–1832) brachte in seiner Sprachgewalt aus eigener Erfahrung diese Gefährlichkeit auf den Punkt: „Wenn man aber nichts gespürt hat, soll man nicht um die Wahrheit von Sätzen streiten, und seien es die heiligen Sätze der Evangelien. Bei solchen dogmatischen Streitereien können auch die Frommen in Ungerechtigkeit geraten, die, um eine äußere Form zu verteidigen, ihr bestes Innerstes beinah zerstörten."[167]

Dort, wo im Glauben und in der Kirche alles klar ist, dort haben wir es nicht mit dem lebendigen Gott zu tun. Wir sind nur dann wirklich auf Gott Hörende und Glaubende, wenn wir uns immer wieder überraschen lassen. Unser Glaube ist nichts für Festgefahrene. „Ankommen kann nur, wer auf dem Weg ist."[168] Unser Glaube ist nicht Asche, sondern Glut, knisterndes Feuer.

Ein plastisches Beispiel versteckter Häresie wird uns im Buch ‚Die Nonnen von Sant'Ambrogio' vor Augen geführt.[169] Die Schwestern galten als rechtgläubig und papsttreu, mit geradezu blühender Verehrung der Heiligen. So richtig katholisch!, hat sich selbst der heilige Papst Pius IX. gefreut. Und doch waren sie häretisch. Aufgedeckt wurde das Unglaubliche durch die Inquisition. Dieser Schritt war – peinlich auch für den Papst – unumgänglich, schließlich ebenso die Auflösung der Gemeinschaft. Ein Hauptmitspieler dieses Dramas war der Haustheologe von Papst Pius IX., einer der Drahtzieher in der Dogmatisierung der Unfehlbarkeit. Im Kloster Sant'Ambrogio war er unter einem anderen Namen als Beichtvater tätig. Geschrieben wie ein Krimi, traurig, dass er wahr ist.

XLVIII

In der Mamila-Einkaufsmeile in Jerusalem hat mich eine moderne Skulptur besonders angesprochen: Eine feine Jacke, ein schicker Hut. [Abbildung 4 www.kloster-einsiedeln.ch/HeuteimBlick] Und der Titel dieses Werkes von Danny Katz: NOBODY – NIEMAND. Dieses Nobody ist aber so geschrieben, dass die Skulptur eine noch tiefere Bedeutung bekommt: No-Body – kein Leib. Wer keinen Leib hat, ist niemand.

Die Kirche ist Leib Christi. Wir sind Tempel des Heiligen Geistes. Das vergessen wir oft, wie schon die Christinnen und Christen in Korinth. Darum muss ihnen der heilige Paulus auch schreiben: „Wisst ihr nicht, dass ihr Tempel Gottes seid und der Geist Gottes in euch wohnt?“[170] Immer, wenn ich die Skulptur betrachte, fällt mir diese Ermahnung ein. Wenn ich äußerlich auch alles mitmache in der Kirche, aber nicht in einer lebendigen Beziehung mit Christus lebe, bin ich ein NoBody. Wenn wir schöne Gebäude bauen, sanieren und pflegen, aber nicht in einer lebendigen Beziehung mit Christus leben, sind wir ein NoBody. Aber: Wir sind zu mehr berufen, zu viel mehr. Wir sind ermutigt, im Leib Christi daheim zu sein – zur Ehre Gottes und zum Heil der Menschen. Wir sind kein NoBody. Das dürfen wir besonders beim Empfang der Eucharistie erfahren. Der heilige Augustinus ruft uns zu: „Empfangt, was ihr seid: Leib Christi! Seid, was ihr empfangt: Leib Christi!“[171]

XLIX

Dieser Leib hat ein Haupt. Ein Verantwortungsträger in der Kirche sagte in einem Interview: „In der Kirche in der Schweiz ist es oft leider so, dass alle Haupt sein wollen."[172] Mit dieser Einschätzung lag er, nicht nur was die Schweiz betrifft, nicht ganz daneben. Die Versuchung ist tatsächlich in uns allen da. Mit dieser Aussage aber wollte er wohl sagen: „Alle wollen Bischof sein." Jedoch: So einfach ist das nicht. Das Haupt der Kirche ist nicht der Bischof, sondern Jesus Christus.

Bringen wir es auf den Punkt: Das Sagen in der Kirche hat – Gott sei Dank – nicht der Papst; das Sagen haben – Gott sei Dank – nicht die Bischöfe; das Sagen hat – Gott sei Dank – nicht die sogenannte Basis. Das Sagen hat Jesus Christus selbst. Und unser aller Aufgabe ist es, miteinander heute auf seine Stimme zu hören. Wir alle sollen horchende und gehorchende Menschen sein – angefangen vom Papst bis zu den Neugetauften. Jede und jeder an ihrem und an seinem Platz. So können wir tatsächlich als Kirche Leib Christi sein. Jede und jeder Getaufte hat einen Platz in diesem Leib Christi. Das ist unsere Herausforderung: Unseren Platz wahrnehmen und diese Berufung aus ganzem Herzen leben.

Die Versuchung, Haupt zu sein, erfordert von uns allen immer wieder den Mut zur Umkehr. Diese Umkehr ist auch heute in der Kirche Not-wendend – selbst bei den Bischöfen. Tatsächlich bestand unter den Jüngerinnen und Jüngern Jesu von Anfang an ein Gerangel um Macht.[173] Davon sind leider auch Bischöfe nicht ausgenommen. Sie werden nicht selten wahrgenommen wie Machthaber – ob sie es nun tatsächlich sind oder nicht. Das Bild der Verantwortungspersönlichkeiten in der Kirche war über viele Jahrhunderte geprägt durch die politische Machtausübung. Nicht umsonst spricht man heute noch gelegentlich von Kirchenfürsten. Und einige fühlen sich darob auch im 21. Jahrhundert gebauchpinselt und kleiden sich dementsprechend.

Allerdings: Wer so wahrgenommen wird, verliert heute Autorität. Das macht einigen Angst. Dabei sollten wir für einen solchen Autoritätsverlust dankbar sein. Einmal mehr sagt Gott zu uns, was er schon früher in aller Klarheit gesagt hat: „Bei euch aber soll es nicht so sein."[174] Das fordert eigentlich schon das Wort selbst. „Autorität kommt von augere, was so viel heißt wie ‚wachsen lassen'. Autorität zu haben heißt nicht, eine repressive Person zu sein. Die Repression ist eine Deformation der Autorität. Autorität hat, wer einen Raum des Wachsens schaffen kann."[175] Diese Worte sind von Jorge Mario Bergoglio, dem heutigen Papst. Der Autoritätsverlust, den wir erfahren, kann uns näher zu dem hinführen, was das Evangelium über Autorität in der Kirche sagt. Autorität in der Kirche hat ihren Grund in der Christusnachfolge. Sie muss immer neu vom Thron heruntersteigen und zu den Menschen gehen. Das singen wir auch täglich im Magnificat: „Er stürzt die Mächtigen vom Thron und erhöht die Niedrigen."[176] Diesen Weg ist Christus gegangen – es ist auch unser Weg. Wer Christus nachfolgt, geht nicht zu den Menschen, um ihnen den Kopf zu waschen, sondern kniet vor sie hin und wäscht ihnen die Füße. Den Kopf gewaschen hat Jesus nur den geistlichen Führern. Warum sollte es heute anders sein?

Falls wir heute Kirchenfürsten begegnen, so tun wir gut daran, nicht in die Logik des Machtkampfes einzusteigen, sondern die eigene Berufung aus ganzem Herzen zu leben und miteinander die Glut unter der Asche zu entdecken.

Wer auch immer seine Berufung überzeugend lebt, trägt dazu bei, dass auch die anderen ihre Berufung entdecken und leben. Zwei Romane von Ulrich Harbecke zeigen das einladend und unterhaltsam.[177] Von ihnen schreibe ich bald noch mehr. Sie verdienen es.

L

Wer seine Autorität von Gott anvertraut erhält, muss sich nicht ängstlich darum sorgen und um seine Autorität kämpfen. Sie ist eine Gnadengabe, d. h. ein Geschenk zum Aufrichten der Menschen und zum Aufbau der Gemeinde. Dieses Verständnis hat mir geholfen, das mir anvertraute Amt anzunehmen und mich aus ganzem Herzen als Abt der Klöster Einsiedeln und Fahr und als Mitglied der Schweizer Bischofskonferenz zu engagieren. Dabei durfte ich großartige Überraschungen erfahren und mit vielen Menschen auf dem Weg sein, die mich beeindruckt haben. Ich bin überzeugt, dass ich von den Wegbegleiterinnen und -begleitern mehr empfangen habe, als sie von mir. In meiner Amtszeit sind auch viele Fehler passiert. Ich habe Menschen verletzt, vor allem weil ich sie übersehen habe. Immer wieder stieß ich an meine Grenzen. Was passiert ist, kann man nicht ungeschehen machen. Diese Erfahrungen waren Herausforderung, neue Wege zu suchen und zu wagen. Nur wenn wir in Verantwortung die Vergangenheit akzeptieren, können wir uns mit offenen Augen und aufgeschreckten Ohren der Gegenwart stellen und vertrauensvoll in die Zukunft gehen.

Wenn es uns gelingt, die uns anvertrauten Aufgaben als Gnadengaben anzunehmen, dann können wir auch das Loslassen als Gnadengabe annehmen, d. h. als ein Geschenk zum Aufrichten der Menschen und zum Aufbau der Gemeinde. Das darf ich jetzt in großer Dankbarkeit erfahren.

LI

Papst Franziskus verabschiedet sich von Äußerlichkeiten, die Menschen den Zugang zum Glauben erschweren – Fernstehenden und Insidern. Diese Schritte sollen beitragen, dass wir wieder zum Zentrum des Glaubens finden. Dazu gehören zum Beispiel der Auszug aus den Gemächern, die aus der Zeit der mächtigen Kirche stammen oder das Tragen von Schuhen, wie sie auch andere Menschen tragen. Dies sind kleine Zeichen, aber bedeutungsvolle. Offensichtlich werden sie eher von Fernstehenden verstanden als von Insidern. Aufschlussreich darüber sind die erste Frage und die Antwort darauf in einem Interview. Fragesteller ist der mit Papst Benedikt seit Jahren befreundete Journalist Peter Seewald. Antwort gibt Erzbischof Georg Gänswein, Privatsekretär von Papst Benedikt und heutiger Präfekt des Päpstlichen Haushalts: „Herr Erzbischof, Ihr neuer Chef wohnt nicht im päpstlichen appartemento. Er trägt Straßenschuhe. Er fährt billige Autos. Viele finden das aufregend, andere denken an ‚Summerhill'. Sitzt da nun ein antiautoritärer Rebell auf dem Stuhl Petri?" – „Nein. Wer mit Papst Franziskus in ständigem Kontakt ist, lernt zu unterscheiden zwischen einem Außenbild und der konkreten Persönlichkeit. Allein schon die Prägung als Jesuit spricht gegen Revoluzzer und gegen ‚anti'. Was die Schuhe betrifft, klar, das ist auch eine Frage der Ästhetik. Aber es war vergebliche Liebesmüh zu versuchen, ihn zu überzeugen, dass es möglicherweise nicht nur aus Gründen der Optik, sondern auch der Tradition richtiger wäre, sich in die Linie seiner Vorgänger einzufügen."[178] Kurz darauf fragt der Journalist: „Allerdings scheint vieles, was man von Benedikt gewohnt war, bei Franziskus zu fehlen: die Präzision in der Sprache, der Reichtum der Tradition, die Noblesse in der Form." Und die Antwort darauf: „Dass beide Persönlichkeiten ganz unterschiedlich sind, liegt auf der Hand. Papst Franziskus ist ein Mann der Gestik. Jemand, der auch Akte setzt, die man von einem Papst so nicht erwartet. Papst Benedikt hat man zugehört und sich von seinem Wort ergreifen lassen. Bei Papst Franziskus will man zunächst mal sehen, wie er dies macht, wie er jenes anpackt. Er ist ein Mann, der es versteht, den ganzen Menschen anzusprechen, nicht nur den Intellekt oder einen der Sinne. Ob der Enthusiasmus anhalten wird, muss man sehen. Wir warten ja noch auf inhaltliche Vorgaben." Fragen und Antworten brauchen an dieser Stelle wohl kaum analysiert zu werden. Viele werden über solche Aussagen überrascht sein, vor allem diejenigen, die die inhaltlichen Vorgaben seit dem ersten Amtstag dankbar entgegennehmen und versuchen, das in ‚Evangelii gaudium' vorgelegte Programm umzusetzen. Gehört es nicht zur Tragik des Theologenpapstes Benedikt, dass die – gewiss nicht von ihm beabsichtigte – falsch verstandene Botschaft der roten Schuhe mehr gehört wurde als seine hervorragenden Predigten? Dem gegenüber kommt die Botschaft der Schuhe von Papst Franziskus selbst bei Fernstehenden unmittelbar als Zeugnis für das Evangelium an.

LII

Was versteht die Kirche unter Tradition? Gewiss nicht das Festhalten an Äußerlichkeiten. Unter Tradition versteht die Kirche die Treue zu Jesus Christus durch den wechselhaften Lauf der Geschichte. „Diese lebendige Weitergabe, die im Heiligen Geist geschieht, wird – als von der Heiligen Schrift verschieden, aber doch eng mit ihr verbunden – ‚Überlieferung' [Tradition] genannt."[179] Daran dürfen wir heute weiterweben. Gerade darum ist Tradition nicht etwas Nebensächliches. Im kirchlichen Kontext ist es gefährlich, wenn man Äußerlichkeiten mit dem Argument der Tradition verteidigt. Das kann nicht nur in der Kirche, sondern auch bei Außenstehenden verheerende Folgen haben. Der großartige Begriff der Tradition der Kirche muss dann herhalten für Äußerlichkeiten, die die Macht der Kirche demonstrieren, aber nicht für das, was die Tradition tatsächlich bedeutet. So werden plötzlich Äußerlichkeiten mit dem Glauben verwechselt. Der Verlust der Machtposition kann dann folgerichtig wahrgenommen werden als Substanzverlust des Glaubens.

Gewiss: Tradition ist ein Reichtum, aber ganz anderer Art. Sie ist der Reichtum der lebendigen Beziehung mit Jesus Christus. Sie riecht nicht nach Tod, sie schmeckt nach Auferstehung. Zum Beispiel erkennen wir dann auch heute die Gegenwart Christi in bisher unbekannten Situationen oder können in Treue zu Christus Ämter einrichten, die den Veränderungen in der Gesellschaft gerecht werden. Und dieser Reichtum hängt – Gott sei Dank! – nicht von der Schuhfarbe ab. Genau diese kirchliche Tradition scheint Papst Franziskus sehr gut zu kennen, nicht zuletzt durch seine Schulung als Jesuit. Auf die christliche Tradition beruft sich der Bischof von Rom, als er den heiligen Franz von Assisi zum Namenspatron wählt, der die Kirche in seiner Zeit reformiert und zum Kern der Tradition zurückgeführt hat.

LIII

Die Häresie der Äußerlichkeit zerstört die Kraft des Glaubens. Sie muss deshalb immer neu beim Namen genannt und angegangen werden. Zwei bereits erwähnte Bücher haben mir dafür besonders die Augen geöffnet. Sie wurden mir von einer verdienten Schweizer Politikerin geschenkt als Dank für ‚Miteinander die Glut unter der Asche entdecken'. Es sind die Romane ‚Der gottlose Pfarrer' und ‚Der gläubige Kardinal' des Autors Ulrich Harbecke.[180] Autor und Titel waren mir bis dahin unbekannt. Als ich zu lesen begann, merkte ich bald: Genau darum geht es! Der Glaube ist nicht eine Selbstverständlichkeit. Wir sind füreinander verantwortlich. Die Kirche ist für den Menschen da, nicht der Mensch für die Kirche. Der Kardinal muss gerade darum, will er seine Berufung wirklich leben, zu den Menschen gehen. Und dieses Wunder gelingt durch die Leute einer Pfarrei, deren Pfarrer den Glauben verloren hat. Das geschieht nicht etwa durch eine Drehung am Schaltpult, sondern durch einen spannenden und auch mühsamen Prozess. Dabei werden mehr und mehr alle mit ihren Gaben involviert, selbst die bisher Unscheinbarsten.

Hier wird sichtbar, was Papst Franziskus über die Aufgabe des Bischofs sagt und selbst als Bischof von Rom vorlebt: „Der Bischof muss immer das missionarische Miteinander in seiner Diözese fördern, indem er das Ideal der ersten christlichen Gemeinden verfolgt, in denen die Gläubigen ein Herz und eine Seele waren (vgl. Apg 4,32). Darum wird er sich bisweilen an die Spitze stellen, um den Weg anzuzeigen und die Hoffnung des Volkes aufrecht zu erhalten, andere Male wird er einfach inmitten aller sein mit seiner schlichten und barmherzigen Nähe, und bei einigen Gelegenheiten wird er hinter dem Volk hergehen, um denen zu helfen, die zurückgeblieben sind, und – vor allem – weil die Herde selbst ihren Spürsinn besitzt, um neue Wege zu finden."[181]

LIV

Wer andere schnell als Häretiker bezeichnet, ist auf dem besten Weg zur Häresie. Denn unser Glaube ist kein Denksystem, in dem alles klar ist. Unser Glaube ist immer wieder Überraschung und Herausforderung. Wer Glaube als Denksystem versteht, kann leicht über die andern urteilen. Wer Glaube als Denksystem versteht, wird immer wieder sagen, dass die Kirche nicht die Schritte gehen kann, die die Mehrheit der Menschen erwartet. Ein solches Sprechen klingt nicht nur abgehoben. Solches Verständnis kommt auf, weil wir als Kirche nicht mit den Menschen unterwegs sind. Dieses Miteinander dürfen wir heute neu lernen. Da sind vor allem die Amtsträger in der Kirche herausgefordert. Sie müssen nicht so sehr sagen, was man nicht tun darf, sondern vielmehr zeigen, was wir besser machen können.[182] Denn Glaube ist in erster Linie ein Ja, ein Ja zu Gott, zu sich selbst, zu jedem Menschen, zu seiner Schöpfung – weil Gott Ja zu uns sagt.

Wir sind herausgefordert, den Menschen in den Blick zu nehmen. „Um das Leben mit den Menschen zu teilen und uns ihnen großherzig zu widmen, müssen wir auch anerkennen, dass jeder Mensch unserer Hingabe würdig ist. Nicht wegen seiner körperlichen Gestalt, seinen Fähigkeiten, seiner Sprache, seines Denkens oder der Befriedigung, die wir erhalten, sondern weil er Werk Gottes, sein Geschöpf ist. Dieser hat ihn als Abbild erschaffen, und er spiegelt etwas von Gottes Herrlichkeit wider. Jeder Mensch ist ein Objekt der unendlichen zarten Liebe des Herrn, und er selbst wohnt in seinem Leben."[183] Mit einer solchen Einstellung entstehen andere Texte als Hirtenschreiben, die von dieser Liebe zu jedem Menschen kaum etwas durchscheinen lassen. Meines Erachtens würden sie das Imprimatur von Jesus Christus nicht erhalten. Nicht darum, weil im Schreiben etwas Falsches gesagt wird, sondern weil ein Herzensanliegen außer Acht gelassen ist: der Mensch. Das ist ein schwerwiegender Mangel an Kirchlichkeit. Es ist, als ob man in Schillers ‚Das Lied von der Glocke' nach den ersten zwei Versen aufhören würde: „Festgemauert in der Erden / Steht die Form aus Lehm gebrannt." Das stimmt alles und ist wichtig. Aber wenn wir hier stehen bleiben, wird die Glocke nie zum Klingen kommen.

Uns ist aufgetragen, das Evangelium auf der ganzen Erde zum Klingen zu bringen. Jeder Verkündigung und jedem Schreiben muss etwas vorausgehen, das durch das Beispiel Jesu eigentlich eine Selbstverständlichkeit sein sollte: „Wenn man sich an die Sprache der anderen anpassen will, um sie mit dem Wort Gottes zu erreichen, muss man viel zuhören, das Leben der Leute teilen und ihm gerne Aufmerksamkeit widmen."[184] Dann braucht es keine Begleitschreiben mehr, um die negativen Reaktionen auf Schreiben der Hirten abzufedern, wie das in den vergangenen Jahrzehnten immer wieder der Fall war.

LV

Von der Häresie der Äußerlichkeit gibt es noch viel zu sagen. Diese Versuchung gibt es nicht nur für die Amtsträger. Mit ihr hat jeder gläubige Mensch zu kämpfen. Wir können mit Selbstverständlichkeit auf Wörtern und Formen beharren, aber im Leben in aller Selbstverständlichkeit und in aller Öffentlichkeit das Gegenteil tun. Ein paar Beispiele gefällig?

Wir können fromm beten „Bilde unser Herz nach deinem Herzen", dabei aber in größter Unbarmherzigkeit die anderen verurteilen. Oder wir singen im Lied ‚O Haupt voll Blut und Wunden' aus ganzem Herzen: „Was du, Herr, hast erduldet, ist alles meine Last. Ich, ich hab es verschuldet, was du getragen hast." Wir bekennen also unsere persönliche Schuld am Tode Jesu – und wie leicht schieben wir die Schuld anderen zu.

Zum Friedensgruß in der Liturgie hieß es in einem alten Zeremoniale: „Beim Friedensgruß weiche man sich nach rechts aus." Das war alles, was es zu sagen gab. Leider hat ein so verstandener Friedensgruß reichlich Frucht getragen. So leer können großartige Zeichen werden!

Der heilige Benedikt schreibt vor 1500 Jahren in seinem Leitbild für Mönche: Wer seine Arbeit nicht aus Liebe für die andern tue, dem solle sie weggenommen werden.[185] Das hört sich hart an. Aber wahrscheinlich hat er damit Recht. Wer von uns möchte schon zu einem Zahnarzt gehen, der seine Arbeit nur macht für das Geld, das er verdient? Da wählen wir besser einen andern, einen, der seine Arbeit aus Liebe zum Menschen macht und dabei auch den gerechten Lohn erhält. Das gilt für jeden Beruf. Das gilt auch für diejenigen, die einem Gottesdienst vorstehen. Die Art und Weise, wie bereits das Kreuzzeichen gemacht wird, kann als Startschuss wahrgenommen werden oder als Einladung, sich als Gemeinschaft bewusst in Gottes liebende Gegenwart zu stellen.

Unsere Worte und Gesten in der Liturgie können zu Masken werden. Um das selbst zu entlarven, muss man heilig sein oder Freunde haben, die diesen Dienst wahrnehmen. Die heilige Mutter Teresa von Kalkutta hat einmal gesagt: „Jeden Tag bekenne ich in der Messe vor Gott und allen Brüdern und Schwestern, dass ich Gutes unterlassen und Böses getan habe. Aber wehe, wenn jemand mich auf etwas anspricht, was in meinem Leben nicht gut ist.“ Ein Mitbruder beklagte sich bei mir, dass sich die Mönche beim ‚Ehre sei dem Vater‘ nicht genügend tief verneigen. Ich fragte ihn, wie er das wissen könne. Da ging er – ertappt – schmunzelnd davon.

LVI

In jeder Eucharistiefeier bekennen wir: „Himmel und Erde sind erfüllt von deiner Herrlichkeit.“ Glauben wir das? Wenn wir es glauben, dann dürfen wir uns jeden Tag auf die Suche nach Gott machen, selbst in den größten Schwierigkeiten. Meine Mitschwester und Dichterin Silja Walter hat das in einem Gedicht treffend zur Sprache gebracht: „Ist hinter allen Dingen / die scheinbar nicht gelingen, / doch Einer, der mich liebt.“[186] Diesen Einen wollen wir Tag für Tag suchen. Entgegen frommen Befürchtungen gibt es keine gottlose Gesellschaft.[187] Gott ist da! Wir sind herausgefordert, mit offenen Augen und aufgeschreckten Ohren durchs Leben zu gehen. Und wir dürfen andere ermutigen, Gottes Gegenwart zu suchen und zu entdecken.

Kommen wir ins Staunen, wenn wir Eucharistie feiern? Wenn uns das Glöcklein im Hochgebet oder sein Fehlen mehr stören als uns die Gegenwart Christi erfreut, dann stimmt etwas nicht. Julien Green schreibt: „Das grelle Geklingel verkündete, dass die Hostie nicht länger ein Schein, sondern dass der Herr darein eingegangen sei. Glaubte man an so etwas, so konnte man darüber den Verstand verlieren. Wilfred glaubte daran, alle in der Kirche Versammelten glaubten daran; doch keiner rührte sich, keiner tat einen Ausruf des Staunens, des Glücks oder Entsetzens; es war das gewohnte Wunder, die Sonntagserhebung, und nochmals gellte das wütende Glöckchen und sagte allen, jetzt könnten sie wieder die Stirn heben."[188] Wie gehabt!

Im dritten Hochgebet beten wir: „Ja, du bist heilig, großer Gott, und alle deine Werke verkünden dein Lob." Sagen wir das nur, weil es im Messbuch steht oder glauben wir auch, was wir beten? Wenn wir es glauben, dann können wir sogar von Kritikern, ja sogar von Atheisten viel lernen. Der heilige Benedikt ist von dieser Überzeugung getragen.[189]

Die Bitte im Herrengebet: „Vergib uns unsere Schuld, wie auch wir vergeben unseren Schuldigern" verträgt sich nicht gut mit Hartherzigkeit. Mit einem harten Herzen ist es höllisch gefährlich, so zu beten.

LVII

Liturgie ist nicht katholische Liturgie, wenn wir uns mit dem Äußeren zufriedengeben. „Weihnachten ist wie Bahnfahren: Nur wer tatsächlich einsteigt, wird auch mitgenommen."[190] Das war für das Zweite Vatikanische Konzil klar. Die Eucharistie ist „Quelle und Höhepunkt des ganzen christlichen Lebens."[191] Das Schreiben ‚Liturgiam authenticam'[192] der Gottesdienstkongregation aus dem Jahr 2001 scheint da einen anderen Weg einzuschlagen. Es geht um Weisungen zur Übersetzung der Bücher für den Gottesdienst in den verschiedenen Sprachen. Wichtiger als die Verständlichkeit ist, dass der Text möglichst genau in Wort und Satzbau dem lateinischen Original entspricht. Damit hat die Kirche ‚von oben' deutlich gezeigt: Es ist ihr ein größeres Anliegen, dass das Gebet der Kirche den Menschen lateinisch vorkommt, als dass es zu ihrem Gebet wird und das Leben prägt. Diese Instruktion hat verständlicherweise viele Probleme bereitet. Die Bischofskonferenzen des großen englischen Sprachgebiets haben entgegen großer Kritik und Widerstände dieser Weisung von oben nachgegeben. Die deutschsprachigen Diözesen und Bischofskonferenzen haben ein neues Messbuch zurückgewiesen, das den vorgegebenen Übersetzungskriterien entspricht. Zu dieser geistlichen Entscheidung hat die Einsicht beigetragen, dass solche Übersetzungen für den katholischen Gottesdienst nicht taugen.

Es geht in der Liturgie nicht einfach nur und vor allem um ein Absolvieren. Es geht darum, dass wir uns immer neu bemühen, was der heilige Benedikt den Mönchen aufträgt: „Stehen wir beim Singen der Psalmen so, dass unser Denken und unser Herz im Einklang mit unserer Stimme sind."[193] Was wird passieren, wenn wir mit einer solchen Haltung singen: „Weck die tote Christenheit / aus dem Schlaf der Sicherheit, / dass sie deine Stimme hört, / sich zu deinem Wort bekehrt"[194]?

Aus eigener Erfahrung wissen wir, dass die Art und Weise einer Feier verrät, ob die Vorstehenden glauben, was sie feiern. Dasselbe gilt für den Vortrag einer Lesung oder von Fürbitten, das Vorsingen oder das Orgelspiel. Das ist eine große Herausforderung. Denn bereits unsere innere Haltung beim Feiern geben wir den Anwesenden mit auf den Weg, auch Kindern, aber auch uns selbst. Wie glaubwürdig ist ein Priester, der feierlich singt „Mit ihrem Lobgesang lass auch unsere Stimmen sich vereinen und voll Ehrfurcht rufen“ und während des ganzen Gesanges offensichtlich nicht voll Ehrfurcht da ist, sondern die Seiten im Buch sucht, die er vor dem Gottesdienst hätte suchen sollen? Das nimmt man im Kirchenschiff deutlicher wahr als am Altar.

LVIII

Gerne wird in bestimmten Kreisen auch heute die Zeit bis zum Zweiten Vatikanischen Konzil als eine Zeit betrachtet, in der die Katholiken noch praktizierend waren. Selbstverständlich nahmen viele an den Gottesdiensten teil. Allerdings nicht alle freiwillig und in der Freude des Glaubens. Hätten sie in diesen Gottesdiensten wirklich Gottes Gegenwart erfahren, wären sie nicht ferngeblieben, als der Druck zur Teilnahme wegfiel. Gerade hier zeigt sich, dass das sogenannte Praktizieren oft in Äußerlichkeiten bestand. Wie sonst ist es zu verstehen, dass nur wenige von den vielen ‚praktizierenden‘ Katholiken zur Zeit des Nationalsozialismus im Alltag wirklich praktizierend waren?

Papst Franziskus hat bei seinem Besuch im Heiligen Land in Jerusalem nach Protokoll des Staates Israel auch das Grab von Theodor Herzl besucht und einen Kranz niedergelegt. Daran haben sich Gläubige sehr gestört.[195] Ein

Papst, der an einem Grab eines Terroristen bete, sei ein Häretiker. Interessant ist, dass sich dieselbe Personengruppe daran stört, wenn beim Rosenkranzgebet das Fatimagebet weggelassen wird: „O mein Jesus, verzeihe uns unsere Sünden. Bewahre uns vor dem Feuer der Hölle. Führe alle Seelen in den Himmel, besonders jene, die deiner Barmherzigkeit am meisten bedürfen.“ Dies ist übrigens ein Gebet, das ich im privaten Rosenkranzgebet immer spreche. Es ermutigt mich, besonders für die Menschen zu beten, die auch nach ihrem Tod von vielen abgeschrieben sind.

Jesus Christus ist der Herr der Verstorbenen. Das ist tröstlich. Er ist aber auch der Herr der Lebenden. Wir dürfen es wagen, uns auf sein Wort zu verlassen. Schon oft habe ich davon geträumt, was passieren würde, wenn wir ein bekanntes Wort aus dem Evangelium heute umsetzen würden: „Wenn du deine Opfergabe zum Altar bringst und dir dabei einfällt, dass dein Bruder etwas gegen dich hat, so lass deine Gabe dort vor dem Altar liegen; geh und versöhne dich zuerst mit deinem Bruder, dann komm und opfere deine Gabe.“[196] Warum sollten wir als Kirche diese Aufforderung nicht genauso ernst nehmen wie die Worte Jesu zur Ehe? Wo kämen wir da hin?, werden sich einige denken. Gewiss, viele Gottesdienste würden ausfallen. Nicht etwa, weil sie uns nichts bedeuten. Im Gegenteil. Einiges würde sich ganz gehörig bewegen in unseren christlichen Gemeinschaften. Die nächste Feier hätte eine andere Qualität. Und wahrscheinlich wären sogar die Kirchenspaltungen überwunden. Wo kämen wir da hin!

LIX

Auch die Heiligenverehrung kann sich in Äußerlichkeiten verlieren. Das zeigt sich zum Beispiel an der Heiligen Familie, die auch heute als das Ideal vor Augen gestellt werden soll. Viele Priester habe ich schon darüber klagen gehört. Schauen wir uns doch heute die Situation der Familien rund um uns herum an: Sehr oft haben die Familien leider nur ein Kind. Manchmal ist der Vater nicht einmal der leibliche Vater des Kindes. Wir haben diesen Familien, die die Erfahrung von Kirche besonders nötig hätten, kaum mehr etwas zu sagen. Unser Klagen brauchen sie nicht zu hören, wir hören aber oft auch nicht ihr Klagen. Ohne sie ziehen wir uns zurück in die heile Welt, in der wir Gottesdienste feiern und auch Feste. Und wir realisieren nicht, dass unsere Welt des Glaubens und unsere Welt des Alltags eigentlich nicht zwei verschiedene Welten sind.

Warum merken wir nicht, dass genau diese Heilige Familie, also die Idealfamilie, nur ein Kind hat, und der Vater nicht der leibliche Vater ist – und dazu waren sie noch Migranten? Das entdecken wir, wenn wir uns von Gott überraschen lassen – in seinem Wort und in den Menschen, denen wir begegnen.

Die ‚größten' Heiligenverehrer plädieren für Schablonenchristentum. Sie stutzen die Heiligen so zurecht, dass sie zu Supermenschen werden. Das waren sie aber nicht. Sie waren Originale. Sie waren Menschen mit Kanten und Fehlern, blieben aber nicht damit stehen. Sie haben sich Gott anvertraut. So darf ein Verbrecher in der letzten Stunde seines irdischen Lebens von Jesus selbst hören: „Heute noch wirst du mit mir im Paradies sein."[197] Augustinus lebte im Konkubinat, hatte ein uneheliches Kind, verkehrte in allen möglichen und unmöglichen sektiererischen Kreisen. Und er ist einer der größten Bischöfe und bekanntesten Heiligen geworden.

Kritik am heiligen Johannes Paul II. bringt seine Fans auf die Palme. Offensichtlich haben sie die Überzeugung, Heiligsein meine die Vollkommenheit auf Erden. Wenn keine Kritik angebracht werden darf, dann nimmt man einen Heiligen nicht ernst und vor allem auch Gott nicht. War die wöchentliche Beichte des Papstes ein Tun als ob, also geheuchelt? Ist nicht jeder Mensch ein Sünder, und Himmel stets Gnade, also Geschenk Gottes? Um der Bitte um eine ‚klärende Darstellung'[198] zuvorzukommen stelle ich klar, dass ich nie daran gezweifelt habe, Johannes Paul II. für immer und ewig in Gottes Gegenwart zu wissen. Stets begleitet mich ein Rosenkranz, den ich von ihm persönlich erhalten habe.

Eine Theologin hat an einem 29. April im Gespräch mit einem Bischof, unter vier Augen also, Kritik an diesem geübt. Der war darüber erstaunt und stellte klar, dass man einen Bischof so nicht kritisiere. Die traditionsbewusste Theologin berief sich auf die Tagesheilige, Katharina von Siena, die sehr wohl Amtsträger kräftig kritisiert hatte. Darauf meinte der Bischof: „Aber sie war eine Heilige!" Was wohl die Amtsträger damals über Katharina von Siena gesagt haben, die wir heute als große Heilige verehren?

LX

Ein etwas schwieriger italienischer Bischof machte einen Pastoralbesuch in einer Pfarrei. Geben wir ihm den Namen Enrico. Wie im Messbuch vorgesehen, betete er im ersten Hochgebet: „Wir bringen sie [= die Opfergaben] dar vor allem für deine heilige katholische Kirche in Gemeinschaft mit deinem Diener, unserem Papst Johannes Paul, mit mir, deinem unwürdigen Diener und mit allen, die Sorge tragen für den rechten, katholischen und apostolischen Glauben." Das hatte der aufmerksame Pfarrer wohl gehört und nahm in Zukunft den Bischof beim Wort. So betete er fortan im Hochgebet jeweils: „Vollende dein Volk in der Liebe, vereint mit unserem Papst Johannes Paul, mit unserem unwürdigen Bischof Enrico ..." Selbstverständlich gab es auch in dieser Pfarrei besonders fromme Leute, die dies in größter Sorge sofort dem Bischof meldeten. Der Kirchenfürst schritt ein und forderte, dass der Pfarrer diesen Blödsinn sofort unterlasse. Doch der Pfarrer antwortete ihm, „er habe sie aus seinem eigenen Munde vernommen, und wenn der Bischof es Gott nur sage, weil es sich so gezieme, so sage er es dem Herrn dagegen aus voller Überzeugung, damit er ihn bekehren möge."[199]

LXI

Wer an Äußerlichkeiten hängt, wird nur schwer merken, dass mehr und mehr ein NoBody erscheint. Damit ist nichts gesagt gegen Vorgaben in der Liturgie. Im Gegenteil. Sie sind wichtig, wollen wir in der Gemeinschaft der Kirche bleiben. Es ist nicht einfach unser Gottesdienst, es ist immer der Gottesdienst der Kirche. Ansonsten ist die Versuchung groß, selbst zum Zentrum zu werden und die anvertrauten Menschen nach der eigenen Pfeife tanzen zu lassen. Auch sogenannte Progressive können sehr festgefahren sein. Das habe ich oft erfahren. Aber die äußere Form genügt nicht. Ist sie nicht mehr von der Überzeugung getragen, kann sie leicht zum Gegenzeugnis werden.

Dazu gehört auch das großartige Gebet aus der Heiligen Schrift, das wir jeweils vor der Kommunion sprechen: „Herr, ich bin nicht würdig, dass du eingehst unter mein Dach. Aber sprich nur ein Wort, so wird meine Seele gesund." Sprechen wir diesen Satz nur, weil er einfach dazu gehört oder sind wir davon überzeugt, was wir hier vor dem im Sakrament der Eucharistie gegenwärtigen Christus aussprechen?

Die große Frage beim Kommunizieren ist nicht, wer würdig ist und wer nicht. Wer mich wegen dieser Aussage der Häresie verdächtigt, der erhält den Ball zurückgespielt. Die Frage, wer würdig ist und wer nicht, hat die Kirche in der Liturgie schon lange eindeutig beantwortet und wiederholt das weltweit Tag für Tag: Niemand ist würdig. Das gilt für den Bischof genauso wie für den kleinen Sünder. Die große Frage ist eine andere – genauso für den Bischof wie für den kleinen Sünder: Überrascht es mich, dass Gott sich uns schenkt, dass er sich sogar mir anvertraut? Wenn alles klar ist, wird es uns nicht mehr überraschen. Wenn es uns aber überrascht, staunen wir jedes Mal. Mit der heiligen Therese von Lisieux mögen wir ausrufen: „Du trägst das All und denkst an mich!" Das verändert unser Leben. Nicht per Knopfdruck, aber Schritt für Schritt.

Könnte das nicht auch eine neue Antwort auf die Frage sein, wer kommunizieren darf? Viele amtskirchliche Stellungnahmen scheinen sich an Äußerlichkeiten zu orientieren, von denen sich die meisten Menschen schon lange verabschiedet haben. Sie reden an den Menschen in konkreten Situationen vorbei. Und die Bischöfe sind erstaunt, dass man sie nicht versteht. Nicht selten wird die Schuld zudem den Medien zugeschoben.[200]

Wenn wir die Taufe so ernst nehmen, wie wir das in der Liturgie und in der Glaubenslehre bekennen, dann werden wir wohl bald einmal merken, dass die Grenze zum Empfang der Eucharistie nicht entlang der Konfessionsgrenzen verläuft. Diese bedeuten auf allen Seiten immer weniger – was wir eigentlich nicht nur bedauern müssten. Aber auf allen Seiten gibt es getaufte, Gott suchende Menschen, die aus Überzeugung das Amen am Schluss des eucharistischen Hochgebets sprechen können – zumal wenn Papst und Bischof glaubwürdige Zeugen sind. Sie sind überrascht, dass Jesus sich ihnen im Sakrament der Eucharistie anvertraut. Und staunend beten sie an. Traurig, wenn Amtsträger das nicht dankbar wahrnehmen und diesen Prozess mit Wohlwollen begleiten und fördern.

LXII

Man kann die Texte in der Liturgie auch aus Überzeugung beten. Ein eindrückliches Beispiel dafür ist mir in Ungarn begegnet. Der Ordensmann und Priester Lenard Ödön wurde am 30. Juni 1977 nach mehr als einem Jahrzehnt Haft aus dem Gefängnis entlassen und von einer Frauengemeinschaft als Gast aufgenommen. Die Früchte des Zweiten Vatikanischen Konzils hatte er im Gefängnis nicht mitbekommen. Die ersten Tage feierte er die Liturgie einfach mit. Am Festtag des heiligen Benedikt, dem 11. Juli 1977, stand er der Eucharistiefeier zum ersten Mal in ungarischer Sprache vor. Dass er dabei – und wohl ein Jahr lang – jeweils eine Textvariante betete, die nicht vorgesehen war, merkte er nicht. Warum? Weil es für ihn stimmte. Es war nicht gespielt. So betete er jeweils: „Wir danken dir, dass du uns berufen hast, vor dir zu stehen und dir zu dienen. … Gedenke deiner Kirche auf der ganzen Erde und vollende dein Volk in der Liebe, vereint mit unserem Papst Paul, unseren Bischöfen, mir, deinem unwürdigen Diener."[201] Das berührt, da müssen wir nicht mehr lachen. Das ist echt. Lenard Ödön tut nicht so als ob! Eine besonders fromme Seele hat ihn nach etwa einem Jahr darauf aufmerksam gemacht, dass er das gar nicht sagen dürfe, diese Formulierung mit dem „unwürdigen Diener" dürfe nur ein Bischof verwenden …

LXIII

Und wir, dürfen wir sagen: Ich bin nicht würdig? In zwei Monaten hatte ich versucht, die Kirche in Ungarn ein wenig kennenzulernen. Steinchen um Steinchen ergab sich ein immer klareres Mosaik. Bis mir wirklich ein Strich durch die klare Rechnung gemacht wurde. Ich musste wie der heilige Martin vom hohen Ross heruntersteigen.[202] Es hat mir gut getan.

Was ist passiert? Ich wurde zum Kinofilm im Gymnasium der Erzabtei Pannonhalma eingeladen. Gezeigt wurde ein 2004 gedrehtes Filmdrama mit dem Titel ‚Der neunte Tag'. Es ist die Geschichte eines Priesters aus Luxemburg, der in der Zeit des Nationalsozialismus ins KZ Dachau kam. Dort bekommt er einen neuntägigen Urlaub, um seinen Bischof in Luxemburg davon zu überzeugen, mit der Besatzungsmacht zu kooperieren. Ein SS-Untersturmführer hat die Aufgabe, den Priester für seine Mission zu gewinnen. Der Untersturmführer gibt sich dem Priester als Diakon zu erkennen, der kurz vor der Priesterweihe in die SS eingetreten ist. Ihm steht ein großes theologisches Wissen zur Verfügung. Er argumentiert mit der heilsbedeutsamen Rolle des Judas. Trotz allen Versuchungen kehrt der Priester am neunten Tag ins KZ zurück, ohne ein Judas geworden zu sein, den der Untersturmführer aus ihm machen wollte.

Der Film hat mich sehr getroffen. Wäre ich bereit gewesen, meiner Berufung treu zu bleiben? Oder auf Ungarn bezogen: Hätte ich zu denjenigen gehört, die in der Zeit der Diktatur ihrer Berufung treu geblieben sind – bis hin zur Gefängnisstrafe? Oder wäre ich zum Judas geworden? Ich wurde sehr unsicher. Wie leicht ist es, im Nachhinein über andere zu urteilen! Mir fiel eine Stelle in dem bereits erwähnten Buch von Julien Green ein. Dort wird eindrücklich von einem Gespräch berichtet, in dem einer vorschlägt, zur Meditation laut die Apostelliste aus dem Evangelium zu lesen, und an deren Ende statt Judas Iskariot einfach den eigenen Namen einzusetzen. „Merken Sie sich, dass wir alle, wie wir sind, unsern Namen statt des Judas Namen einfügen könnten. Haben Sie sich darüber nie Gedanken gemacht?“[203]

LXIV

Seither lese ich den Text immer wieder mit dieser Anregung (einmal ist es mir sogar fast beim Vortrag des Evangeliums in der Liturgie passiert): „Jesus stieg auf einen Berg und rief die zu sich, die er erwählt hatte, und sie kamen zu ihm. Und er setzte zwölf ein, die er bei sich haben und die er aussenden wollte, damit sie predigten und mit seiner Vollmacht Dämonen austrieben. Die Zwölf, die er einsetzte, waren: Petrus – diesen Beinamen gab er dem Simon –, Jakobus, der Sohn des Zebedäus, und Johannes, der Bruder des Jakobus – ihnen gab er den Beinamen Boanerges, das heißt Donnersöhne –, dazu Andreas, Philippus, Bartholomäus, Matthäus, Thomas, Jakobus, der Sohn des Alphäus, Thaddäus, Simon Kananäus und Martin Werlen, der ihn dann verraten hat."[204]

Was passiert, wenn wir entdecken, dass wir Judas sind? Gerade als Benediktiner sollte uns diese Erfahrung nicht ganz fremd sein, besonders wenn wir zudem Priester sind. Im Kapitel über die Aufnahme von Priestern[205] wagt Benedikt das Zitat aus Mt 26,50 einzufügen: „Nichts wird ihm erleichtert, es gelte das Wort der Schrift: Freund, wozu bist du gekommen?" Es ist die Frage, die Jesus dem Verräter Judas stellt.

Als Priester sind wir besonders in der Gefahr, von oben herab die anderen zu beurteilen, statt mit ihnen auf dem Weg zu sein. Je mehr Verantwortung wir tragen, umso größer ist die Versuchung, unsere Macht zu missbrauchen.

LXV

Dieser Versuchung ist zum Beispiel ein gewisser Herr Reginaldo Scrovegni erlegen. Hier alle seine Vergehen aufzuzählen, würde dieses Buch unnötig umfangreich machen. Darum setzen wir gleich ganz am Schluss an. In Dantes Göttlicher Komödie ist er in die Hölle verbannt.[206] Das ließ seinen Sohn Enrico nicht zur Ruhe kommen. Für die ganze Familie errichtete er eine Sühnekapelle mit dem Titel ‚Mater misericordiae' – ‚Mutter der Barmherzigkeit'. Er ließ den innovativsten Maler Italiens kommen. So kam Giotto di Bondone dazu, von 1302–1305 in Padua die Scrovegni-Kapelle auszumalen.

Die Fresken in dieser Kapelle „sind ein Meilenstein in der Entwicklung der abendländischen Kunst. Dabei ist es schwer zu entscheiden, ob hierfür vorranging Giottos Genie verantwortlich war oder aber der Auftraggeber Enrico Scrovegni, der dem Künstler seine Seelenlast so eindrücklich vermittelte, dass dieser Bilder von einer expressiven Qualität schuf, wie er sie weder zuvor noch danach malte."[207]

Ein besonderes Bild ist der Verrat. [Abbildung 5 www.kloster-einsiedeln.ch/HeuteimBlick] „Der Judaskuss, der Christus verrät und dessen Passion einläutet, ist eine Szene voller Dramatik, die in den Blicken der Akteure zum Ausdruck kommt. Am intensivsten – von bis dahin unbekannter, selbst bis heute nur selten erreichter Ausdruckskraft – ist dabei der Augenkontakt zwischen Christus und Judas, in dem die volle Spannung zwischen Verdammnis und Erlösung liegt, der sich Enrico Scrovegni ausgesetzt sah."[208] Jesus blickt dem Menschen, der ihn verrät, in die Augen. Es ist ein Blick der Liebe. Und – das ist das Überraschende: Der Verräter blickt Jesus in die Augen, in Boshaftigkeit und Verstocktheit, zugleich voll Verzweiflung und Durst nach Barmherzigkeit. Er kann sich den Frieden nicht selber schenken. Es ist die Bitte um Barmherzigkeit der Familie Scrovegni. Es kann auch unsere Bitte um Barmherzigkeit sein.

LXVI

Die Geschichte der Kirche in Ungarn und die Geschichte von Pannonhalma haben sich mir immer facettenreicher gezeigt. Es gibt Treue und Verrat, es gibt Engel und Dämonen, es gibt Licht und Dunkel. Wir sollen nicht so tun als ob. All das dürfen wir mit dem Blick der Liebe anschauen, mit dem Jesus uns anschaut. Und dann begann ich plötzlich zu staunen: Welch beeindruckende Heilsgeschichte hat die Kirche in diesem Land! Welch beeindruckende Heilsgeschichte hat die Klostergemeinschaft! Gilt das nicht auch für uns? Mit dieser Entdeckung sind wir plötzlich nicht einfach Bittsteller, sondern Glaubenszeugen. Wir müssen uns keine Sorgen machen, ob wir etwas in die Kirche einzubringen haben, als Einzelne, als Familien, als Gemeinschaften, als Diözesen.

Die Heilsgeschichte Ungarns ist beeindruckend. Nicht nur im Positiven, sondern auch im Negativen. Ein Beispiel dafür ist das Schreiben der ungarischen Bischofskonferenz vom 15. März 1961, das in allen Kirchen vorgelesen wurde: „Die Bischofskonferenz hat in Erfahrung gebracht, dass gegen katholische Priester im aktiven Dienst und Ordensleute außer Dienst wegen der Teilnahme an einer staatswidrigen Organisation Verfahren eingeleitet wurden." Staatswidrig war im kommunistischen Staat alles, was über die äußere Form der Gottesdienste hinausging. Dazu gehörte auch die Jugendarbeit, in der sich der Priester und Ordensmann Lenard Ödön engagierte, von dem bereits die Rede war. Im Februar 1961 wurde er bei einer Inhaftierungswelle verhaftet. Die Verurteilung erfolgte 1966 wegen „der Vorbereitung einer Verschwörung" und „der aktiven Teilnahme an einer Organisierung, die auf den Umsturz der bürgerlichen, demokratischen Staatsordnung zielte."[209] Bereits 1961 wurden Christinnen und Christen von der Bischofskonferenz verurteilt, als vom Staat noch lange kein Urteil gefällt war. So heißt es im Schreiben: Die Bischofskonferenz „verurteilt jede kirchliche Person und jeden kirchlichen Bediensteten, der an einer staatswidrigen Organisation teilnimmt oder eine solche Aktivität unterstützt, als Missetäter gegen das ungarische Volk. … Die Bischofskonferenz weist nachdrücklich darauf hin, dass jene kirchlichen Personen, die nicht ihre primäre Berufung, d. h. die christliche Bedienung der Seelen, üben, sondern eine das Gesetz der Ungarischen Volksrepublik verletzende, staatswidrige Organisation gründen oder fördern, bzw. daran bewusst teilnahmen oder teilnehmen, ihre sündige Handlung – wo sie auch immer tätig sind – auch gegen die katholische Kirche ausführen. … Die Ordinarien der Diözesen sind fest entschlossen, in Zukunft gegen jene kirchlichen Personen und Angestellten scharf aufzutreten, die durch Verletzung der staatlichen und kirchlichen Gesetze ihre Berufung missbrauchen." Die Bischofskonferenz wünscht, sich „von den Handlungen solcher unverantwortlicher Personen abzugrenzen und hofft darauf, dass in Zukunft jeder in seinem eigenen Bereich zum guten Verhältnis zwischen dem Ungarischen Staat und der Katholischen Kirche beitragen wird."[210] Soviel ich in Erfahrung bringen konnte, hat sich die Bischofskonferenz bis jetzt nie von diesem Schreiben distanziert. Sie wird gewiss auch kein Fest organisieren, weil dies jetzt in einer Publikation erwähnt ist. Die meisten Katholiken in Ungarn kennen dieses Schreiben nicht, das die Kirche und ihre Beziehung zur Regierung bis in die Gegenwart prägt und auch lähmt. Die Stimme der Kirche in Ungarn wird auch heute unter ganz anderen politischen Vorzeichen selbst bei höchst fragwürdigen Entscheidungen in Staat und Gesellschaft kaum als kritische prophetische Stimme wahrgenommen. Ja, sie ist geradezu eine Gefangene des Staates geblieben.

Nicht verurteilend, sondern mit dem Blick der Liebe dürfen wir auf die Vergangenheit blicken. Die Bischofskonferenz könnte schlicht und einfach sagen: Das war nicht im Sinn unserer Berufung. Wir bitten alle um Vergebung. Dann bekäme dieses Schreiben plötzlich eine wertvolle Bedeutung. Es würde das großartige Zeugnis vieler Menschen aufleuchten lassen. Staat und Gesellschaft könnten wieder eine mutige und herausfordernde Stimme hören. Zudem macht das Schreiben deutlich, dass nicht immer die Hirten die Garanten der Treue sind. Manchmal müssen wir den Mut haben, gegen die Hirten aufzustehen, wenn sie sich selbst, den anderen und Gott etwas vormachen und damit unter ihrer Würde leben.

LXVII

Die ungarische Kirche hat den Menschen, die Ungarn besuchen, ein eindrückliches Glaubenszeugnis weiterzugeben. Warum nimmt man das als Tourist so wenig wahr? Es gibt dafür eine Erklärung: Je weniger wir unsere Geschichte mit allen Hochs und Tiefs als Heilsgeschichte dankbar wahrnehmen, umso weniger können wir sie fruchtbar machen für unser Glaubenszeugnis.

Dazu will ich von einer Erfahrung erzählen, die ich in Budapest gemacht habe. Ich wollte am frühen Morgen in die bekannte Matthiaskirche (eigentlich Liebfrauenkirche, aber nach König Matthias Corvinus Matthiaskirche genannt, weil er diese im 15. Jahrhundert erweitern ließ). Es war noch alles geschlossen. Geöffnet wurde gemäß Plakaten für Touristen um 9 Uhr. So versuchte ich es um 9 Uhr. Gleich beim Öffnen der Tür wurde ich angehalten: „Haben Sie ein Ticket?“ Meine Antwort: „Nein!“ Der Herr mittleren Alters stellte klar: „Sie brauchen ein Ticket.“ Ich fragte ihn: „Wie können Sie wissen, was ich brauche, wenn Sie gar nicht wissen, was ich will? Sie haben mir nicht einmal die Möglichkeit gegeben, eine Frage zu stellen. Ist hier heute eine Heilige Messe?“

Am frühen Morgen wäre eine gewesen. Aber rund um die Kirche gab es keinen Hinweis auf die Gottesdienste, auch nicht im Internet, geschweige denn Beichtzeiten. Auch die Türe, die dafür geöffnet wird, wurde nicht bekanntgegeben. Der Angestellte hatte eine Antwort auf den von mir angesprochenen Mangel: „Die Informationen sind für Touristen.“ Ich versuchte ihm darzulegen, dass auch ich ein Tourist bin, dass Touristen auch Menschen sind wie wir, von Gott geschaffen, eine Sehnsucht im Herzen tragend und – ob bewusst oder unbewusst – Gott suchend.

Die Kirche in einem Land wie Ungarn hat mehr zu bieten, als viele meinen! Alle kirchlichen Museen – auch in Ungarn – sind eingebettet in ein viel größeres Geheimnis. Wie für die ganze Kirche gilt auch hier, was der heilige Papst Johannes XXIII. gesagt hat: „Wir sind nicht dazu da, ein Museum zu hüten, sondern einen blühenden Garten zu pflegen.“ Die Erzabtei Pannonhalma ist daran, die vorbildliche Aufarbeitung der Vergangenheit unter der Führung von Erzabt Asztrik Várszegi für Ungarn fruchtbar zu machen, aber auch für die vielen Menschen aus aller Welt, die den Ort besuchen und dankbar für ein solches Zeugnis sind.[211]

Wie wertvoll das ist, durfte ich während zwei Monaten in Ungarn erfahren, besonders mit den Mitbrüdern in der Erzabtei St. Martin in Pannonhalma: in der mir gewährten Gastfreundschaft, in Gesprächen über die Heilsgeschichte, in Begegnungen, bei Ausflügen, bei Einladungen, bei Hinweisen, beim Ausleihen von Literatur, beim Gebet. Die wichtigste Erfahrung, die mir in dieser Zeit geschenkt wurde: Ich habe neu entdeckt und erfahren, dass ich heute im Blick bin, im Blick der Liebe Gottes. Das gilt übrigens nicht nur für mich, sondern auch für Menschen, die wir als schwierig empfinden.

LXVIII

Überall gibt es schwierige Menschen – oder zumindest solche, die wir als schwierig empfinden. Das habe ich auch in Jerusalem erfahren. Eine Begegnung dort hat bei mir einen besonderen Eindruck hinterlassen. Zusammen mit zwei Ordensschwestern, die aus der Schweiz zu Besuch waren, besuchte ich den gerade neben der Abtei Dormitio gelegenen Abendmahlssaal. Wir betraten den Raum, vorbei an einer Aufsichtsperson, die ich noch auf Hebräisch grüßte, von der aber kein Gruß zurückkam. Im Raum waren bereits eine kleine Gruppe von Priestern mit einem Bischof und eine Gruppe von Jugendlichen. Jede Gruppe war für sich im Gespräch. Ich begann gerade den Schwestern die Geschichte des Raumes zu erklären, als der junge Aufseher aufgeregt zu uns kam und mir sagte: „Es ist verboten, in diesem Raum zu beten." Wir haben nichts getan, was ihn hätte an Gebet erinnern können, aber wahrscheinlich war unsere Mönchs- und Nonnenkleidung Vermutung genug, dass sogar gebetet werden könnte. Ich antwortete ihm: „Niemand kann mir verbieten, hier zu beten." Und ich versuchte ihm zu erklären, dass unser ganzes Leben ein Gebet sein sollte, in Beziehung mit Gott. Ich sagte ihm auch, dass wir hier keine öffentlichen Gebete verrichten, dass ich aber in meinem Herzen auch hier bete. Aber für ihn war klar: „Das ist hier verboten." Ich machte klar, dass ich mir das von niemandem verbieten lasse, auch nicht vom Staat Israel. Darauf forderte er uns auf, den Raum sofort zu verlassen. Weil wir dazu nicht bereit waren, drohte er mit der Polizei. Ich fragte ihn, was wir denn täten, dass er uns wegschicken könnte. Antwort: „Beten!" Wiederum versuchte ich ihm klarzumachen, dass niemand mir verbieten könne, was ich denke und was ich in meinem Herzen bewege. Für ihn war klar: Verweigerung, sich an das israelische Gesetz zu halten. So rief er mit dem Handy die Polizei an. Ich lud die beiden Ordensschwestern ein, in Stille an diesem für uns wichtigen Ort im Herzen ein Vaterunser zu beten. Dann verließen wir den Raum über den offiziellen Ausgang.

Eine Frage blieb mir: Bedeutet für einen Juden Gebet tatsächlich nur das öffentliche Gebet? Auf dem Weg auf den Ölberg am folgenden Tag sprach ich einen jungen Juden an und fragte ihn, ob er uns ein paar jüdische Bräuche erklären könnte. Dieser war gerne dazu bereit. Zuerst fragte ich ihn nach der Bedeutung, Steine auf die Gräber zu legen (wir trafen uns gerade neben dem großen jüdischen Friedhof). Er legte uns die Bedeutung sehr eindrücklich dar: Wie wir Christen Blumen auf den Gräbern haben, so die Juden Steine. Blumen verwelken bald, Steine aber bleiben. Steine sollen das Bleibende zum Ausdruck bringen. Da fragte ich ihn, ob er uns erzählen könne, was Beten für die Juden bedeute. Im gleichen Satz sagte er: „Es gibt das Gebet in der Synagoge, aber eigentlich sollten wir immer beten, mit Gott in Beziehung sein." Das war der ideale Boden, um ihm von unserer Erfahrung tags zuvor zu erzählen. Da kam er in Erklärungsnot. Selbstverständlich sollten wir überall beten, aber nicht im Abendmahlssaal, weil darunter eine Synagoge sei und die Juden dort nicht beten könnten, wenn Christen darüber beten. Ich dürfe nicht vergessen, dass hier in Israel eine ganz heikle Situation sei und darum solche Gesetze nötig seien. Sie, die Juden, dürften auch nicht auf den Tempelberg gehen um zu beten. Er sprach natürlich nicht davon, dass jüdische Kreise den Tempelberg zurückerobern und dort den dritten Tempel bauen wollen. Ein Modell für diesen Bau steht in einem Museum in der Nähe, auch die Kleider des Hohepriesters sind bereit. Der spätere Ministerpräsident Ariel Sharon hat 2000 mit der demonstrativen Begehung des Tempelberges die zweite Intifada (palästinensischer Aufstand gegen Israel) ausgelöst. In einem Punkt hat mich der Gesprächspartner überzeugt: Wir hätten bleiben sollen, bis die Polizei gekommen wäre, um dann zu schauen, was passiert. Wir haben uns von unserem interessanten Gesprächspartner verabschiedet. Er hat sich über unsere Begegnung anschließend wohl auch noch einige Gedanken gemacht. Hoffen wir, dass Juden und Christen es nicht aufgeben, immer und überall aus ganzem Herzen zu beten – sogar dann, wenn es verboten ist.

LXIX

Es gibt Menschen, die nicht nur schwierig sind, sondern sogar sehr schwierig. Und trotzdem großartig. Wir kennen viele aus der Geschichte unseres Glaubens. Nicht schon wieder Negatives aus der Geschichte der Kirche!, werden einige stöhnen. Doch, ich bleibe dabei. Wer das Negative in der eigenen Geschichte nicht akzeptieren kann, schwächt damit auch das Positive. Wer sich dem Negativen stellt, kann umso mehr das Positive zum Leuchten bringen, wie wir gleich sehen werden. Nehmen wir als Beispiel einen Mann namens Matthäus, für den wir jeweils am 21. September in der Kirche weltweit ein Fest feiern. Er war so schwierig, dass er in aller Öffentlichkeit verachtet war. Aber auch diejenigen wurden verachtet, die sich mit ihm abgaben: „Wie kann euer Meister zusammen mit Zöllnern und Sündern essen?“[212] Das ist eine rhetorische Frage. Sie ist ein Vorwurf. Und genau diesen sehr schwierigen Menschen ruft Jesus in seine Nachfolge. Wir haben uns leider an die Erzählungen in der Heiligen Schrift so sehr gewöhnt, dass wir ihre Überraschungen kaum mehr wahrnehmen. Wir hören etwas, was selbst in unseren Ohren ein Skandal ist, und antworten selbstverständlich: „Lob sei dir, Christus!“ Jesus ruft einen Menschen in seine engste Nachfolge, von dem wir uns heute – auch in Klostergemeinschaften – in aller Öffentlichkeit distanzieren würden. Stellen wir uns vor, Matthäus würde sich mit seiner Vergangenheit, die allen bekannt ist, an der Klosterpforte melden und um Aufnahme bitten. Wir wissen, was sich gehört. Das könnte ja unserem Ruf schaden.

Wir lieben es, uns selbst und andere, mit denen wir zusammen sind, idealisiert zu sehen. Da passen Leute, deren Schwierigkeiten offensichtlich sind, nicht dazu. Auch die Heiligen passen eigentlich nicht dazu. Darum kehren wir die Schwierigkeiten einfach unter den Teppich. Und schon haben wir die perfekten Heiligen. Dann sehen sie so idealisiert aus, dass wir sie problemlos bewundern können und sie uns nicht mehr stören. Den Matthäus, mit dem wir nicht in Zusammenhang gebracht werden möchten, verehren wir als Heiligen. Was Jesus den Pharisäern sagt, ist auch uns nicht fremd: „Eure Väter haben sie getötet; ihr baut ihnen Denkmäler.“[213]

LXX

Einem anderen sehr schwierigen Menschen erging es ähnlich. Er hat Großartiges geleistet – und Schlimmstes verbrochen. Er heißt Michelangelo Merisi (1571–1610). Er stammte aus einem kleinen Ort bei Mailand. Von diesem Ort haben wir nur gehört, weil Michelangelo Merisi danach genannt wird: Caravaggio. Heute kennen wir den Künstler einfach unter dem Namen Caravaggio.[214] Wer kennt schon Michelangelo Merisi? Caravaggio löste am Anfang des 17. Jahrhunderts in der Malerei geradezu eine Revolution aus. Er malte nicht mehr die idealisierte Welt wie die Renaissance, sondern die Welt wie sie ist. Das löste Stürme der Entrüstung aus. Caravaggio gelang es, die bekannten Erzählungen aus der Heiligen Schrift ganz anders zu malen. In seinen Bildern gibt es viele hintergründige Botschaften und Überraschungen. Damit hatten die eher Konservativen größte Mühe. Aber mehr noch hatten sie Mühe mit seinem Lebenswandel und wie er die böse Welt in seine Bilder Einzug halten ließ. Caravaggio hatte Beziehungen mit jungen Männern und auch mit Prostituierten. Eine Prostituierte hat er sogar als Modell genommen für das Altarbild ‚Entschlafung Marias' (Dormitio). Das Bild fand deshalb seinen Platz nicht wie geplant in der Kirche über dem Altar, sondern in einem Museum.

Caravaggio hatte einen rätselhaften Charakter. Viele Schlägereien sind dokumentiert, an denen er führend beteiligt war. Er hatte von Kardinal del Monte das Recht zum Tragen eines Schwertes, das er nicht nur als Schmuckstück trug, sondern auch immer wieder einsetzte. Caravaggio hatte sogar einen Mord auf dem Gewissen und musste aus Rom fliehen, wollte er nicht für immer im Gefängnis landen – und nicht wie bisher nur einen Tag oder eine Nacht. Am 29. August 1608, dem Festtag Johannes des Täufers, wurde in Malta sein monumentales Werk ‚Enthauptung Johannes des Täufers' enthüllt. Er hatte es für den Malteserorden gemalt, um selbst in diesen Orden aufgenommen zu werden. Darum steht vor seinem mit dem Blut des Märtyrers geschriebenen Namen wohl auch ein ‚f' für ‚fra' (Bruder). Für dieses Werk hatte er in den vorangegangenen Wochen vom Orden viel Lob und besondere Auszeichnungen erhalten. So war er überzeugt, er könne wieder nach Rom zurückkehren, nicht als Krimineller, sondern als Ritter Christi. Bei der Feier selbst war er leider nicht mehr dabei. Am Tag zuvor hatte er seine Mitgliedschaft im Orden verloren und musste wiederum verhaftet werden. Bis heute ist ungeklärt, wie ihm im Oktober 1608 die Flucht gelang.

Wenn heute Menschen über die moderne Kunst klagen, wird oft Caravaggio als Vorbild für christliche Kunst genannt. Das waren noch Zeiten! Er wurde tatsächlich zum Vorbild für viele, zum Beispiel für italienische Meister, aber auch für die flämische Schule. Denken wir nur an Rubens oder Rembrandt. Selbst seine größten Feinde kopierten seinen Stil.

Bei im Glauben festgefahrenen Menschen ergeht es Caravaggio heute ähnlich wie Wolfgang Amadeus Mozart und Joseph Haydn. Damals wurden sie von den Ihrigen verachtet, heute interessanterweise hochgejubelt. Caravaggios Werk ‚Enthauptung Johannes des Täufers' zierte am Festtag des Heiligen (29. August 2014) das Internetportal kath.net. Eine Mozart- oder Haydnmesse im lateinischen Hochamt ist der Inbegriff für sich traditionsbewusst nennende Katholiken. Notabene: Mozart und Haydn waren Freimaurer und Latein ist die Sprache der Soldaten, die Jesus ans Kreuz nagelten. Damit ist selbstverständlich nichts gesagt gegen Caravaggio, Mozart, Haydn oder die lateinische Sprache. Im Gegenteil. Aber die mit frommen Sprüchen gepflegte Enge im Heute ist ganz gehörig herausgefordert durch den ehrlichen Umgang mit dem Gestern.

LXXI

Das sind wahrlich zwei schwierige Menschen: Matthäus und Caravaggio. Und was passiert, wenn sie zusammenkommen? Caravaggio erhielt den Auftrag, auf einem Bild die Berufung des heiligen Matthäus darzustellen.[215] Zum Heiligen Jahr 1600 war es fertig. Damit wurde die Tradition der europäischen Kunst verändert. Was hat Caravaggio aus diesen Sätzen im Matthäusevangelium gemacht: „Als Jesus weiterging, sah er einen Mann namens Matthäus am Zoll sitzen und sagte zu ihm: Folge mir nach! Da stand Matthäus auf und folgte ihm"[216]? [Abbildung 6 www.kloster-einsiedeln.ch/HeuteimBlick] Rechts sehen wir Jesus und Petrus, die einen Raum betreten. Petrus droht Jesus zu verdecken. Die Botschaft war damals den Römern deutlich genug ... Die beiden treffen hier auf fünf Männer an einem Tisch, auf dem Münzen, ein Geldbeutel, das Rechnungsbuch und ein Federhalter liegen. Ganz links sehen wir einen jungen Mann, der die Zolltaxen bezahlen muss. Über ihm ist ein älterer Herr, der kontrolliert, dass alles korrekt abläuft. Daneben Matthäus, begleitet von einem Diener, der sich an die Schulter seines Meisters anlehnt (Modell für diesen jungen Mann war Mario Minniti, der Freund von Caravaggio). Schließlich ein weiterer junger Mann, wohl ein Begleiter des Bezahlenden. „Als Jesus weiterging, sah er einen Mann namens Matthäus am Zoll sitzen und sagte zu ihm: Folge mir nach! Da stand Matthäus auf und folgte ihm." Genau dieser Moment ist dargestellt. Jesus hat gerade die Worte gesprochen: Folge mir nach! Mit seiner Hand weist er auf Matthäus. Die Hand ist eindeutig dem bekanntesten Werk von Michelangelo Buonarroti (1475–1564) in der Sixtinischen Kapelle nachgebildet: Die Erschaffung des Menschen. Aber es ist nicht Gottes Hand, sondern die Hand des Adam. Jesus Christus ist der neue Adam. Matthäus ist ganz überrascht und erstaunt. Er schaut Jesus in die Augen und zeigt mit den Fingern auf seine Brust: Meinst du wirklich mich? Er hat verstanden. Die Beine sind schon zum Aufstehen bereit. Was auffällig ist: Jesus und Petrus sind barfuss; sie tragen einfache Kleider. Und die Leute im Zollraum tragen die Kleider der Reichen im Jahr 1600. Jesus ruft diejenigen zur Umkehr, die sich in dieser Welt eingerichtet haben. Zu diesem genialen Bild sagt Papst Franziskus in einem Interview: „Wenn ich in Rom war, habe ich immer in der Via Scofra gewohnt. Von dort besuchte ich oft die Kirche San Luigi dei Francesi; dorthin ging ich, um das von Caravaggio gemalte Bild von der Berufung des heiligen Matthäus zu betrachten. … Dieser Finger Jesu, der auf Matthäus weist – so bin ich, so fühle ich mich, wie Matthäus. … Es ist die Geste des Matthäus, die mich betroffen macht: Er packt sein Geld, als wollte er sagen: Nein, nicht mir, nicht mir gehört dieses Geld! Siehe, das bin ich: ein Sünder, den der Herr angeschaut hat."[217] Aus einer Predigt des heiligen Beda Venerabilis (672–735) zur Berufung des Matthäus hat Papst Franziskus als junger Mann sein Berufungsmotto genommen, das auch sein Motto als Papst ist: Miserando atque eligendo. „Jesus sah den Zöllner, und weil er ihn mit dem Blick des Erbarmens und der Erwählung anschaute, sprach er zu ihm: Folge mir nach!"[218]

LXXII

Wir alle sind im liebevollen Blick Jesu Christi. Nehmen wir wieder neu diesen Blick Jesu wahr, der uns Tag für Tag erwählt und zu uns sagt: Folge mir! Wir müssen von uns selbst und von unseren Gemeinschaften kein idealisiertes Bild abgeben. Auch Getaufte, selbst Ordensleute sind nicht perfekte Menschen – das sollten wir eigentlich aus Erfahrung zur Genüge wissen. Wir sind Menschen wie Matthäus, wie Caravaggio. Sicher nicht so schwierig, aber … das ist nicht das Entscheidende. Entscheidend ist der liebende Blick Jesu, mitentscheidend ist aber auch unsere Überraschung und die Bereitschaft, Jesus zu folgen. Immer wieder. Wir dürfen in unserer Zeit eine prophetische Stimme sein: In die Stuben derer hinein, die sich heute in der Gesellschaft und in der Kirche eingerichtet haben. Wir dürfen den Menschen darin Vorbilder sein, uns der Wirklichkeit immer wieder zu stellen – weil Gott da ist und uns mit seinem liebenden Blick anschaut. Wir dürfen hoffen, dass Gott immer wieder junge Menschen in unsere Gemeinschaften sendet, die sich von Gott überraschen lassen und heute und morgen Brandstifter des Glaubens sind.

Solche Zeichen der Hoffnung wurden mir im Jahr des Glaubens viele geschenkt. ‚Höre und du wirst ankommen'[219] – mit dieser Haltung habe ich immer wieder Wunder erlebt, wo andere nur noch schwarz sehen. Ich wage, sie Wunder zu nennen, weil sich plötzlich die Augen des Glaubens öffnen, die vorher für Gottes Gegenwart blind waren.

LXXIII

Wie recht hatte der heilige Giovanni Leonardi mit der wiederholten Aufforderung: „Es ist notwendig, wieder bei Christus anzufangen."[220] In der Nachfolge Christi geht Papst Franziskus überraschend auf Getaufte anderer Konfessionen zu. Im Gepäck hat er nicht nur die Theozentrik, sondern genauso die Anthropozentrik. Er ist Christ.

Im italienischen Caserta besuchte er einen befreundeten Pastor der dortigen evangelikalen Pfingstgemeinde. Bei der Begegnung mit seiner Gemeinde bat er um Vergebung für die Fehler, die Katholiken ihnen gegenüber gemacht haben. „Ich bin gekommen, um Brüder zu treffen und weil mich diese Brüder vorher besucht haben. … Unter jenen, die die Mitglieder der Pfingstgemeinden verfolgt oder verurteilt haben, als ob sie Verrückte seien, die die Menschheit zerstören, waren auch Katholiken: Ich bin der Hirte der Katholiken und ich bitte euch deshalb um Vergebung für jene katholischen Brüder und Schwestern, die vom Teufel in Versuchung geführt waren und nichts verstanden haben."[221]

Mit einem Grußwort wandte er sich an die Synode der Waldenser im norditalienischen Torre Pellice und versicherte ihnen seine geistliche Nähe. Er bete um die Einheit aller Christen.[222]

Wenn wir es ernst nehmen, dass Theozentrik und Anthropozentrik in organischer und tiefer Weise miteinander verbunden sein sollen, dann hat das auch Konsequenzen für die Ökumene. Dann geht es nicht mehr in erster Linie um theologische Spitzfindigkeiten, die die Fachleute beschäftigen, abseits vom Alltag der Menschen. Es geht vielmehr um konsequentes Leben unseres Glaubens im konkreten Alltag.

Dazu gehört auch das Eingeständnis von Fehlern – nicht um sich selbst schlecht zu machen, sondern um auf dem Weg der Christusnachfolge in der Treue zu wachsen.

Wenn wir bei aller Theozentrik auch die Anthropozentrik entdecken, also den konkreten Menschen als wesentlich für unseren Glauben sehen, dann werden aus bisherigen Sorgen überraschende Zufälle Gottes. Zum Beispiel aus den sogenannten Mischehen. Und nicht etwa, weil es nicht darauf ankommt, wie das heute viele meinen, sondern gerade weil es darauf ankommt; nicht aus Oberflächlichkeit, sondern aus einer größeren Tiefe. Ich bin überzeugt: Gemischte Ehen sind von großer Bedeutung für den Weg zur Einheit der Kirche. Sie sind Gotteszeichen. Von Gotteszeichen wird später noch einmal in anderem Zusammenhang die Rede sein.

Solche Gedanken werden Menschen, die das Heil von Manipulationen am Schaltpult erwarten, erschrecken (das ist ja häretisch!) oder unberührt lassen (das haben wir ja schon lange!). Beide haben mein Anliegen nicht verstanden. Sie lade ich besonders ein, nach dem 73. Schritt nun den 74. Schritt zu tun.

LXXIV

Bei seinem Besuch in Südkorea hat Papst Franziskus den Bischöfen in Erinnerung gerufen, Hüter des Gedächtnisses zu sein. Er erklärte ihnen mit eindrücklichen Worten, was er darunter versteht: „Hüter des Gedächtnisses zu sein bedeutet mehr, als die Gnadenerweise der Vergangenheit in Erinnerung zu bewahren und zu schätzen; es bedeutet auch, aus ihnen das geistliche Kapital zu ziehen, um mit Weitblick und

Entschiedenheit den Hoffnungen, den Erwartungen und den Herausforderungen der Zukunft zu begegnen. Wie ihr selbst festgestellt habt, liegt der Maßstab für das Leben und die Mission der Kirche in Korea letztlich nicht in äußeren, quantitativen und institutionellen Bedingungen; sie müssen vielmehr im klaren Licht des Evangeliums und seinem Ruf zur Umkehr zur Person Jesu Christi beurteilt werden. Hüter des Gedächtnisses sein bedeutet einzusehen, dass das Wachstum zwar von Gott kommt (vgl. 1 Kor 3,6), zugleich aber Frucht ruhiger und ausdauernder vergangener wie gegenwärtiger Arbeit ist. Unsere Erinnerung an die Märtyrer und die vergangenen Generationen der Christen muss eine realistische, nicht eine idealisierende oder ‚triumphalistische' sein. In die Vergangenheit zu schauen, ohne auf Gottes Ruf zur Umkehr in der Gegenwart zu hören, wird uns nicht voranbringen; es wird uns stattdessen nur zurückhalten und sogar unseren geistlichen Fortschritt blockieren."[223]

LXXV

Wir dürfen aus der lebendigen Tradition unserer Kirche geistliches Kapital ziehen und mit Weitblick und Entschiedenheit den Hoffnungen, den Erwartungen und den Herausforderungen der Zukunft begegnen. Verschiedenes steht an und wartet auf neue Aufbrüche. Diese Fragen können und sollen mit dem Programm angegangen werden, das in ‚Evangelii gaudium' dargestellt ist, schon vieles bewegt hat und die ganze Kirche mit auf den Weg nehmen will. Weil Gott im Zentrum ist, ist auch der Mensch im Zentrum. Nicht im Sinn der schillerschen Ode ‚Seid umschlungen

Millionen', sondern der konkrete Mensch. Du und ich. Da geht es nicht mehr um Arme und Reiche, um Einheimische und Ausländer, um Selbstständige und Abhängige, um Kinder und Erwachsene, um Mann und Frau.[224] Jetzt wird es noch brisanter. Einige werden sogar ein Gewitter fürchten. Und sie haben Grund dazu, wie wir gleich sehen werden. Das Gewitter folgt nicht etwa wegen weniger Kirchlichkeit, sondern wegen größerer Liebe. In unserem Glauben geht es um den Menschen, der existiert, weil Gott ihn liebt. Wenn wir das heute im Blick haben, können wir in vielen Fragen überraschende neue Wege finden.

LXXVI

Eine Schlüsselfrage der Kirche betrifft die Frau. „Gott sagt Ja zum Menschen. Diesem Ja muss sich die Kirche immer neu aus ganzem Herzen anzuschließen versuchen. Der Mensch ist Mann oder Frau. Mit dem Ja zur Frau tut sich die Kirche immer noch schwer."[225] Im Schreiben ‚Ordinatio Sacerdotalis' stellt Papst Johannes Paul II. im Jahre 1994 klar, dass die Frage der Priesterweihe der Frau nicht mehr diskutierbar ist.[226] Eine Frage bleibt trotzdem: Ist das Geschlecht der Person je eine Glaubensfrage? Gehört das zum unveränderbaren Glaubensgut? Diese noch grundlegendere Frage ist auch nach 1994 diskutierbar. Ein Blick in die Tradition überrascht auch hier. Die Kirche hat neue Ämter eingeführt, wo das nötig war, um ihrem Auftrag treu zu bleiben. Denken wir zum Beispiel an die Einrichtung des Diakonats.[227] In der Kirche ist durch Jahrhunderte hindurch von der geistlichen Vaterschaft die Rede, aber selten und heute kaum mehr von der geistlichen Mutterschaft. Dies ist verständlich, wenn man bedenkt, dass die Theologenzunft über Jahrhunderte fast ausschließlich aus Männern bestand. Und doch ist es auch überraschend. Denn im Evangelium ist ausdrücklich von der geistlichen Mutterschaft die Rede, nicht aber von der geistlichen Vaterschaft. „Wer den Willen Gottes erfüllt, der ist für mich Bruder und Schwester und Mutter."[228] Aus dieser geistlichen Mutterschaft wird überhaupt erst deutlich, was geistliche Vaterschaft ist. Es ist nicht eine Frage des Geschlechts, sondern der Christusnachfolge. Bei diesem christozentrischen Ansatz verfällt man nicht einfach den kulturell bedingten patriarchalischen Strukturen und versucht, sie theologisch zu verteidigen. Eine Rückbesinnung auf die Bibel und die ganze Tradition kann uns helfen, aus kulturbedingten Verengungen herauszufinden.

Im Interview auf dem Rückflug vom Weltjugendtag in Brasilien im Sommer 2013 wurde Papst Franziskus auf die Frauenfrage angesprochen. Ausgehend vom Beispiel der Frauen in Paraguay sagte er: „In der Kirche müssen wir in dieser Perspektive denken: risikoreiche Entscheidungen treffen. Das muss genauer erläutert werden. Ich denke, wir haben noch keine tiefe Theologie der Frau in der Kirche gemacht. Heute kann sie ja nur Messdiener [sein] oder die Lesungen lesen oder sie ist Präsidentin der Caritas. Na ja, es gibt mehr! Wir brauchen eine tiefgründige Theologie der Frau. Das ist, was ich denke."[229]

Das Thema ist auch in ‚Evangelii gaudium' aufgenommen. Papst Franziskus würdigt den Beitrag der Frau in Gesellschaft und Kirche und fordert innerkirchlich, was bisher von Männern der Kirche nur von der Gesellschaft gefordert wurde: „Ich sehe mit Freude, wie viele Frauen pastorale Verantwortungen gemeinsam mit Priestern ausüben, ihren Beitrag zur Begleitung von Einzelnen, von Familien oder Gruppen leisten und neue Anstöße zur theologischen Reflexion geben. Doch müssen die Räume für eine wirksamere weibliche Gegenwart in der Kirche noch erweitert werden." So muss konkret die Frau gegenwärtig sein „an den verschiedenen Stellen, wo die wichtigen Entscheidungen getroffen werden, in der Kirche ebenso wie in den sozialen Strukturen."[230] Hirten und Theologen müssen sich der großen Herausforderung stellen, „besser zu erkennen, was das dort, wo in den verschiedenen Bereichen der Kirche wichtige Entscheidungen getroffen werden, in Bezug auf die mögliche Rolle der Frau mit sich bringt."[231] Das gilt folglich auch für die Glaubenskongregation.

LXXVII

Die benediktinischen Gemeinschaften können einen Beitrag zur Frauenfrage leisten. In den Erzählungen von Papst Gregor dem Großen (+604) über den heiligen Benedikt finden wir eine überraschende Episode über Benedikt und seine Schwester Scholastika. Einmal jährlich trafen sich die beiden außerhalb des Klosters zu einem geistlichen Gespräch. Am Abend bat Scholastika ihren Bruder, das Gespräch die Nacht hindurch weiterzuführen. „Er aber erwiderte: ‚Schwester, was redest du da? Nein, nein, ich kann nicht außerhalb des Klosters bleiben.' Es war so heiteres Wetter, dass sich keine Wolke am Himmel zeigte. Als die heilige Ordensfrau das Nein ihres Bruders vernahm, legte sie die Hände mit verschränkten Fingern auf den Tisch und beugte ihren Kopf über die Hände, um zum allmächtigen Herrn zu beten. Als sie den Kopf wieder vom Tisch erhob, herrschte ein derart gewaltiges Blitzen und Donnern, und ein solcher Regen brach los, dass weder der ehrwürdige Benedikt noch die Brüder, die mit ihm dabei waren, den Fuß über die Schwelle des Ortes setzen konnten, an dem sie beisammen saßen. Da fing der Mann Gottes betrübt an, sich zu beklagen: ‚Der allmächtige Gott verzeihe dir, Schwester, was hast du getan?' Da antwortete sie: ‚Ich habe dich gebeten, und du wolltest nicht auf mich hören. Da bat ich meinen Gott, und er erhörte mich. Geh hinaus, wenn du kannst, verlass mich und kehre ins Kloster zurück!' Er aber, der freiwillig nicht bleiben wollte, blieb wider Willen, und so kam es, dass sie die ganze Nacht durchwachten und sich durch Gespräche über das geistliche Leben in gegenseitigem Austausch erquickten. Kein Wunder, dass die Frau mehr vermochte als er; denn nach dem Wort des Johannes: ‚Gott ist die Liebe', war es nur gerecht, dass sie mehr vermochte, weil sie mehr Liebe hatte. Drei Tage später stand der Mann Gottes in seiner Zelle. Als er zum Himmel aufblickte, sah er die Seele seiner Schwester, dem Leib entrückt, in Gestalt einer Taube in das Geheimnis des Himmels eingehen."[232]

LXXVIII

Die Gemeinschaften in Einsiedeln und im Fahr sind seit 1130 ein benediktinisches Doppelkloster.[233] In den vergangenen Jahren hat uns die Neugestaltung des Miteinanders herausgefordert. Die Priorin des Klosters Fahr wird in einem Interview gefragt: „Fahr ist eine Gründung des Klosters Einsiedeln, dessen Abt auch Abt von Fahr ist. Sehen Sie Unterschiede zwischen dem Frauenkloster Fahr und dem Männerkloster Einsiedeln?" Sie sagt dazu: „Schon von den Aufgaben her haben sich die Klöster unterschiedlich entwickelt. Zudem: Männer ‚ticken' anders als Frauen. Deshalb ist der Austausch mit den Mitbrüdern sehr bereichernd. Es geht um ein Miteinander, nicht um ein Gegeneinander. Dieses gelebte Miteinander unseres ‚Doppelklosters' ist ein prophetisches Zeichen für das Leben der Kirche von heute."[234] Zur Suche nach einem Weg des Miteinanders von Frauen und Männern in den Orden ruft auch der Präfekt der Ordenskongregation auf.[235]

Unsere Mitschwester Maria Hedwig Walter, Silja Walter, hat als geistliche Dichterin das Gespräch zwischen Benedikt und Scholastika unter dem Titel ‚Das Gotteszeichen' mit überraschendem Inhalt gefüllt, der heute der gesamten Kirche gut tut. Sie bringt das Anliegen zur Sprache, das Frauen seit Jahrzehnten uns Männern zugänglich zu machen versuchen. Dass aber auch ganz oben noch gar nichts verstanden wurde, zeigt die Bemerkung des Präfekten der Glaubenskongregation in einem Interview mit der Vatikanzeitung ‚Osservatore Romano': „Wir sind gar nicht frauenfeindlich. Wir wollen gar nicht jeden Tag eine Frau fressen!"[236] Vielleicht gelingt es der Dichterin mit ihrer gewinnenden Sprache und Tiefe, solch verletzende Aussagen ein für allemal vom Tisch zu wischen und sogar in der Glaubenskongregation für mehr Katholizität zu sorgen. Dazu ruft Papst Benedikt – wie bereits gesehen – in seinem Schreiben ‚Porta fidei' auf: „Die Kirche als ganze und die Hirten in ihr müssen sich auf den Weg machen."[237]

LXXIX

Gespräch zwischen Benedikt und Scholastika im Meierhof von Monte Casino gegen Abend

Scholastika Ich muss dir gestehen, Bruder,
meine jungen Frauen des Noviziats
in deine Regel einzuführen,
ist nicht leicht.

Benedikt Liegt es an den jungen Frauen,
oder an der Regel,
dass du Schwierigkeiten hast
im Noviziat?

Scholastika Ich sage dir,
es geht um etwas,
das du offensichtlich nicht bedacht hast,
als du deine Regel schriebst.

Benedikt Worum geht es denn?

Scholastika Um Mann und Frau,
um ihr je eigenes Gottesbild.

Benedikt Gott ist nicht Mann, nicht Frau.
Die Regel kennt,
das weisst du,
keinen anderen Gott, als den Gott der Offenbarung.

Scholastika Und den der Tradition der Väter.
Und eben da, mein Bruder
liegt, wie soll ich sagen,
glüht für uns der Funke unterm Aschenhaufen. –
Männer hörten Gottes Stimme, Ruf und Wort
im Alten Bund,
schrieben es in ihre Pergamente,
wie es Männer hören
wie es Männer schreiben.
Und die Frauen?
Männer hörten Jesu Stimme, Ruf und Wort
im Evangelium
schrieben es in ihre Pergamente
wie es Männer hörten,
wie es Männer schrieben.
Und die Frauen?

Benedikt Ich bin erstaunt, Scholastika,
ich kenne dich nicht mehr.
Soll ich dir eine zweite Regel,
nur für Frauen, schreiben?
Das wirst du nicht von mir verlangen.

Scholastika Um alles in der Welt, geliebter Bruder,
alles, nein, nur das nicht! *(sie lächelt)*

Benedikt Dann denkst du wohl daran,
die heilige Regel
nach deinem und nach deiner jungen Frauen
Mass und Facon zu verändern.

Bei Gott,
das wäre unheilvoll,
das müsste ich dir streng verbieten!

Scholastika legt ihrem Bruder das neue Vorwort der Regula hin.

Scholastika Verzeih, mein Bruder,
zürne nicht,
wir haben hier bereits damit begonnen.
Lies.
Bewahre Gleichmut.
Und dann wollen wir darüber sprechen.

Benedikt erhebt sich. Es ist dunkel geworden. Er blickt durchs Fenster nach dem Himmel. Den Sternen nach geht es gegen Mitternacht.

Benedikt Dafür ist keine Zeit mehr,
Schwester.
Ich muss gehen.
Lass mich dich segnen.
Gott bewahre dir den wahren Glauben
erhalte dich in Demut und Gehorsam
und lasse dich und deine jungen Frauen
den Weg der Regel, wie er vorliegt,
unbeirrbar bis ans Ende gehen,
im Namen des Vaters,
des Sohnes
und des Heiligen Geistes …

Scholastika kniet nicht nieder. Sagt nicht Amen. Fleht:

Scholastika Bleib da mein Bruder,
heute Nacht.
Es ist von größter Dringlichkeit,
was wir uns mitzuteilen haben.
Bleib da, mein Bruder,
geh noch nicht nach Hause.

Setz dich, nur eine Viertelstunde noch und höre:
Wir haben Gottes Ruf in innigem Gebet
aus dem Prolog der Regel, deiner Regula,
erlauscht,
den Ruf der Liebe, Benedikt,
der Turteltaube in der Nacht. –

Benedikt Verzeih mir, Schwester,
es ist Zeit –

Scholastika Und so beginnt der Text:
Komm, meine Tochter,
meine Freundin,
meine Taube,
hör mir zu.

Benedikt Taube, Taube …
Hält die Nonne, hältst du dich
und deine Frauen denn –
sei mir nicht bös – euch eigenmächtige Geschöpfe,
für eine solche sanfte, scheue Kreatur?

Was ihr zu tun versucht,
hat nichts von Taubenart an sich.

Scholastika Taube sein, ich sag dir offen,
Benedikt,
Taube sein im dunklen Eichenwald,
bedarf des Mutes eines Falken.
Du gehst?

Benedikt Ich sehe keine Möglichkeit,
die schönen Stunden unseres Zusammenseins
bis in den Morgen zu verlängern.
Knie nieder, meine Schwester,
dass ich dich segne.

Scholastika betet. Ein Gewitter bricht los.

Benedikt Gott möge dir verzeihen, Schwester!
Was hast du getan?

Scholastika Ich habe dich gebeten
doch du wolltest nicht.
Da bat ich meinen Herrn,
und er erhörte mich.
So geh doch jetzt, heim, in dein Kloster, Bruder,
wenn du kannst!

Benedikt setzt sich.

Benedikt Lies, meine Schwester, lies mir
den Prolog der Regel,

wie du ihn hörst,
und deine Töchter.

Scholastika Es bleibt dein Wort,
doch, ist es Gott, der spricht.
Der Gott des Neuen Testamentes,
wie ihn seine Kinder, seine Töchter,
ja, wie Frauen ihn erfahren,
der Gott der Väter, der Gemahl des Volkes Israel,
wie er in Jesus nach Johannes
als ein Mensch, als Freund, als Geliebter
uns umwirbt und an sich zieht.

Benedikt Ich höre zu.

Scholastika liest ihm ihre neue Fassung des Prologs vor. Musik. Langsam löscht das Licht über der Szene. Wand wird vorgeschoben.

Sprecherin: Der Morgen kam.
Sankt Benedikt verliess den Meierhof,
die Laube des Zusammenseins mit seiner Schwester.
In seinem Geist das Vorwort seiner Regel,
das er auf Frauenart von ihr gehört,
das mit ihm ging und das er wohl drei Tage lang
erwog und in sich trug.
Ein Liebeslied, wie es Jesaja sang im Namen Jahwes
Israels Gemahl,
wie es im Hohen Lied gar innig angefangen,

von Christus her zum Menschen hin
gedeutet wird.
O, Zärtlichkeit des grossen Gottes,
Frauen offenbart:
Zuwendung, Heil, geschenkt, niemals als Lohn
für Strengheit, für Aszese, Leistung je verdient –
Sankt Benedikt erkannte Gottes Walten zeichenhaft
in diesem nächtlichen Gespräch mit ihr, Scholastika –
nur, Taube, Taube, nein, das war sie nicht,
kühn, wie ein Falke eher – aber wie?

Da schimmert ja ein Flügelpaar,
blitzt auf, wie Schnee –
steigt in die Sonnenscheibe überm Ozean –
O, Seligkeit – das ist die Seele seiner Schwester!
Scholastika ist heimgegangen!
Und er, ihr Bruder darf von seiner Zelle aus
im Sonnenlicht des Geistes
ihren Heimgang schauen –
in der Gestalt der Taube aus dem Hohelied –!
Gott hat vor seinen Augen unzweifelhaft
durch sie besiegelt,
was sie und ihre Töchter im Prolog der Sancta Regula
erkannten und erhorchten –
den Ruf an seine auserwählten Kinder:
„Steh auf, meine Freundin, meine Schöne,
meine Taube und komm!
Der Winter ist vorüber!“[238]

LXXX

Die Frauenfrage ist tatsächlich eine Schlüsselfrage. Dessen ist sich auch Papst Franziskus bewusst, wenn er im Interview im Flugzeug spontan sagt: „Zur Frauenordination hat sich die Kirche bereits geäußert und sagt: ‚Nein'. Das hat Johannes Paul II. gesagt und zwar mit einer abschließenden Erklärung. Dieses Thema ist beendet, also jene Tür ist zu."[239] Diese klaren Worte haben mich zugleich überrascht und gefreut. Ja: Die Tür ist zu. Aber die Schlüssel, mit denen diese Tür abgeschlossen wurde, liegen jetzt in den Händen von Papst Franziskus. Gewiss: Es wäre nicht klug, nun per Dekret eine Änderung zu verordnen. Das hatten wir bisher zur Genüge. Solches Vorgehen führt zu Spaltungen, wie konservative Kreise zu Recht anmahnen. Aber auf Gottes Stimme in den Getauften zu hören ist ein Herzensanliegen des Bischofs von Rom. Ein solcher Dialog muss mit offenem Ausgang, ernst, ohne Angst und aufrichtig sein.[240] Er wird Frucht tragen – besonders wenn auf das Gotteszeichen gehört wird. Das Resultat wird allerdings nicht eine Theologie der Frau sein. Das wäre fast wie eine Frauennummer des ‚Osservatore Romano'[241], für die der Präfekt der Glaubenskongregation das vorhin genannte Interview gab. Das Resultat wird eine Vertiefung und Bereicherung der Theologie überhaupt sein.

LXXXI

Zu verschiedenen Fragen des Lebens hat die Kirche kaum mehr etwas zu sagen, auch nicht den Getauften. Dazu gehört der Umgang mit der Sexualität. Die Äußerungen von Seiten der Amtsträger werden selten als Beitrag zum aufbauenden Umgang mit dem Geschenk der Sexualität wahrgenommen, vielmehr als realitätsfremde oder angstmachende Warnungen und Verbote. Das ändert sich nicht etwa, wenn sie ständig wiederholt werden, aber auch nicht, wenn man resigniert schweigt. Mit Äußerungen und mit Schweigen vergrößern wir mehr unser Leiden, dessen wir uns klagend rühmen, als dass wir Menschen helfen, ihre Berufung zu entdecken und zu leben.

Kardinal Walter Kasper bringt das Problem auf den Punkt und stellt es in einen größeren Zusammenhang: „Der erste Schritt besteht darin, in den Fragen von Sexualität, Ehe und Familie überhaupt erst wieder sprachfähig zu werden und aus der Starre einer resignativen Verstummung angesichts der gegebenen Situation herauszufinden. Die bloße Frage, was erlaubt und was verboten ist, hilft da nicht weiter. Die Fragen von Ehe und Familie, unter denen die Frage der wiederverheiratet Geschiedenen ja nur eine, wenngleich eine drängende Frage ist, gehören in den großen Zusammenhang der Frage, wie Menschen das Glück und die Erfüllung ihres Lebens finden können. Dazu gehört ganz wesentlich der verantwortliche und beglückende Umgang mit der dem Menschen vom Schöpfer geschenkten und anvertrauten Gabe der Sexualität. Sie soll aus der Enge und Einsamkeit eines selbstbezogenen Individualismus herausführen und zum Wir der menschlichen Gemeinschaft hinführen. Die Isolierung der Sexualität von solchen gesamtmenschlichen Beziehungen und deren Reduzierung auf Sex haben nicht zu der vielgerühmten Befreiung, sondern zu deren Banalisierung und Kommerzialisierung geführt. Der Tod der erotischen Liebe und die Vergreisung unserer westlichen

Gesellschaft sind die Folge. Ehe und Familie sind das letzte Widerstandsnest gegen eine alles verschlingende, eiskalt berechnende Ökonomisierung und Technisierung des Lebens. Wir haben allen Grund, uns nach Kräften für Ehe und Familie einzusetzen und vor allem junge Menschen auf diesem Weg zu begleiten und zu ermutigen."[242]

Selbstverständlich kann und muss die Kirche den aktuellen Umgang mit Sexualität kritisch hinterfragen. Doch dies darf nie von oben herab geschehen. Zudem dürfen wir nicht vergessen: Genauso krankhaft wie die Fixierung auf sexuelle Beziehungen im wirklichen Leben ist die gedankliche Fixierung frommer Menschen auf sexuelle Beziehungen anderer. Das Sprechen der Kirche über Sexualität ist erst dann glaubwürdig und ein Beitrag zu erfüllterem Leben, wenn es in einem vorausgehenden Ja zum Menschen gründet und vom Menschen so wahrgenommen werden kann. Sonst wird die Haltung der Kirche zu Recht als Ablehnung des Menschen wahrgenommen. Und eine solche Haltung ist ganz klar nicht katholisch.

LXXXII

Wenn die Kirche nicht als eine Stimme von oben herab wahrgenommen wird, sondern als verstehend, dem Menschen mit dem Blick der Liebe begegnend, wird sie auch wieder gerne gehört werden. In einer wohlwollenden Atmosphäre könnte sie von der Sexualität als von einer Sprache des Menschen sprechen. Der Antwerpener Bischof Johan Bonny hat dazu eine ausführliche persönliche Stellungnahme abgegeben, die zum Nachdenken anregt und zu größerer Treue der Kirche herausfordert, ja zur Umkehr.[243] Wer in eine Sackgasse geraten ist, tut gut daran, nicht einfach zu warten, bis sich die ganze Umgebung verändert.

Wie jede Sprache kann auch Sexualität ehrlich und aufbauend oder lügenhaft und zerstörerisch sein. Wir können damit anderen Menschen näher kommen oder aber sie verletzen oder sogar fertigmachen. Auch die Sprache der Sexualität soll Ausdruck meiner Liebe sein, meiner Hingabe an einen konkreten Menschen. Gerade dies ist sie in der Promiskuität nicht. Der andere Mensch wird zum Objekt meiner Begierde. Im Vordergrund ist der Körper des anderen Menschen, der den eigenen Idealvorstellungen entspricht, aber möglichst kein persönliches Gesicht hat. Dies ist nicht schlecht, weil es mit Sexualität zu tun hat, sondern weil es Menschen in eine Unfreiheit führt, die sich großmäulig als Freiheit präsentiert. Das Leben in dieser Scheinwelt führt leicht zu Suchtverhalten. Julien Green lässt darüber Angus sagen: „Bei allem der Lust Dargebrachten ähnelt mein Leben absonderlicherweise der sogenannten Hölle, da ich ohne Liebe bin. Nun aber ist Liebe das Wesentliche, und ohne sie ist die Lust nur ein Zerrbild. Zu gewissen Stunden, in ganz bestimmten Augenblicken, denen nachher, verstehst du? hasse ich den von mir erwählten Gefährten, und er hält mich fest, wie nie vor dem Bürgerkrieg ein Grundbesitzer seinen Sklaven festgehalten hat."[244]

Wie vielen Menschen in ihrer Nacht könnte die Kirche Türen zum Leben öffnen!

LXXXIII

Unter jenen, die sich der Kirche entfremdet fühlen und die teilweise eine aggressiv-ablehnende Haltung ihr gegenüber einnehmen, sind auch homosexuelle Menschen. Bestimmte kirchliche Kreise haben dafür schnell eine Antwort bereit: weil diese Menschen merken, dass die Kirche eigentlich recht hat! Das klingt nicht nur von oben herab, es ist auch von oben herab. Diese Antwort schützt vor einer Hinterfragung der eigenen Haltung. Schnelle Antworten auf schwierige Fragen sind meistens Ausdruck von Schwäche, weniger von Stärke. Das könnte sich gerade bei diesem Thema besonders deutlich zeigen. Und dabei geht es nicht nur um Schwäche der Persönlichkeitsstruktur, sondern auch des Glaubens. Es ist nicht eine vertrauensvolle Haltung, sondern eine angsterfüllte. Nicht selten wird die Verdrängung eigener homosexueller Wünsche oder gar ein geführtes Doppelleben die Ursache sein. Ein weltbekanntes Beispiel dafür ist der Theologe David Berger, der vom Erzliebling konservativer Kreise nach seinem Outing zu deren Erzfeind geworden ist[245], vom Schriftleiter der extrem rechten Zeitschrift ‚Theologisches' zum Chefredakteur des schwulen Lifestylemagazins ‚Männer'.

Die Gegenüberstellung der Aussagen im Katholischen Katechismus zu homosexuellen Menschen[246] und der in der Kirche wahrnehmbar gelebten Wirklichkeit zeigt deutlich, dass hier etwas nicht stimmt: Diese Menschen werden in der Realität offensichtlich diskriminiert. Nicht nur die ihnen mit größter Selbstverständlichkeit unterstellte Lebensweise wird abgelehnt, sondern homosexuelle Menschen an sich – und so erfahren sie es auch – werden abgelehnt. Das gilt auch für diejenigen, die enthaltsam leben. Diese faktische

Ablehnung ist mir besonders bewusst geworden, als ich mich auf den Weg machte, homosexuellen Menschen zu begegnen und mit ihnen das Gespräch zu suchen. Darunter waren auch einige, die in einer festen Partnerschaft leben. Als Kirchenmann hätte ich bei den meisten von vornherein kaum eine Chance auf ein offenes Gespräch. Das Kapitel ‚Kirche' ist für sie abgeschlossen. Sie hat hier nichts mehr zu sagen. Das ist nicht einfach das Problem der homosexuellen Menschen. Es ist unser Problem. Unsere Haltung ihnen gegenüber wurde mir so richtig bewusst, als ich in mir die Angst bemerkte, von jemandem bei diesen Begegnungen gesehen zu werden. Das war auch der Fall, als ich an einem Bahnhof von einem Menschen abgeholt wurde, von dem bekannt ist, dass er mit einem gleichgeschlechtlichen Partner lebt. Warum musste diese Angst aufsteigen? Ich tat nichts, was Sünde war. Und wenn, müsste gerade dann die Kirche barmherzig zur Seite stehen und nicht verurteilend. Warum wäre es ein Skandal, für homosexuell gehalten zu werden? Ist das – entgegen der Position des Katechismus – also doch eine Schande?

Auch hier gilt: Wir werden mehr gemessen an dem, wie wir leben, als an dem, was wir mit den Lippen sagen. Trägt nicht gerade diese unkatholische Haltung zu Doppelbödigkeit bei und zu großer Not homosexueller Menschen? Viele unter ihnen möchten zur Kirche gehören. Suchend sind sie, wie alle wertvollen Menschen. Mit der Tabuisierung der Homosexualität und der Bekämpfung von Beziehungen in möglichst großer Treue trägt gerade die Kirche dazu bei, dass diese Menschen im Untergrund anonyme sexuelle Beziehungen suchen. Damit werden die Menschen nicht aufgerichtet, sondern vielmehr in eine große Einsamkeit getrieben.

Die Angst, die ich gespürt habe, kennen auch viele Eltern von homosexuellen Menschen. Sich katholisch nennende Internetportale plädieren immer wieder für eine unkatholische Haltung gegenüber homosexuellen Menschen. Das ist verletzend, oft menschenverachtend. Ich weiß von einigen homosexuellen Menschen, wie ermutigend für sie die aufrichtigen Worte von Papst Franziskus in der fliegenden Medienkonferenz auf dem Weg von Rio nach Rom waren: „Wenn jemand homosexuell ist und Gott sucht und guten Willens ist: Wer bin ich, dass ich ihn verurteilen könnte?“[247]

LXXXIV

Papst Franziskus geht immer wieder überraschende, ungeplante Wege. Dabei stößt er Festgefahrenes um und stellt scheinbar Klares in Frage. Er tut auch dies nicht mit einsamen Entscheidungen, sondern gekonnt und mit Humor, geradezu entwaffnend. Hier zwei Beispiele von seiner Reise ins Heilige Land vom 24. bis 26. Mai 2014.

In Bethlehem prägte neben der Eucharistiefeier und dem Mittagessen mit Flüchtlingen vor allem ein Bild die Menschen. Israelis waren darüber verärgert, Palästinenser tief berührt. Papst Franziskus ließ bei seiner Fahrt von der Begegnung mit Präsident Mahmud Abbas hin zum Platz vor der Geburtskirche den Jeep anhalten, stieg zum Entsetzen der Sicherheitsequipe aus und lief zur Mauer hin, die die Palästinenser als Käfig empfinden und die die Israelis ‚Sicherheitsmauer‘ nennen. Er berührte die Mauer und blieb längere Zeit im Gebet dort stehen. Am nächsten Tag stand er in Jerusalem mit der gleichen Haltung an der Klagemauer.

Israelis sahen diese Geste in Bethlehem sehr kritisch. Aber die Mauer können sie trotz ihrer Häßlichkeit nicht kritisieren, denn sie haben sie selber gebaut. An beiden Orten hat er vor Gott für den Menschen gebetet, der in der Mitte seiner Liebe ist, ob Israeli oder Palästinenser.

Das Mittagessen am letzten Tag der Reise war im großen Stil im ‚Notre Dame of Jerusalem Center' geplant, das von den Legionären Christi geführt wird. Kurz vor der Mahlzeit sagte der Papst, dass er zum Mittagessen ins Franziskanerkloster gehe. So konnte die dortige Küche nichts anderes auftischen, als was schon für die Gemeinschaft vorbereitet war. Zur großen Gemeinschaft der Minderbrüder stieß nur eine Person mehr. Das bereitete keine organisatorischen Probleme. Und im ‚Notre Dame' fehlte in der großen Gemeinschaft hoher Persönlichkeiten nur eine Person. Beide Gemeinschaften hatten keinen Grund, sich ihrer Küche öffentlich zu rühmen. Papst Franziskus setzt auch im Umgang mit den Ordensleuten und neuen Bewegungen andere Akzente als seine Vorgänger.

Die Bedeutung einer benediktinischen Gemeinschaft in einem Krisengebiet wie dem Nahen Osten durfte ich mit Abt Gregory Collins und seinen Mitbrüdern dreieinhalb Monate lang in der Abtei Dormitio (Entschlafung Marias) in Jerusalem mit dem Priorat Tabgha am See Gennesaret erleben. Zu all den Herausforderungen, die ein Leben in Gemeinschaft mit sich bringt, kommen die politische Instabilität, das Miteinander, das Nebeneinander und das Gegeneinander verschiedener Kulturen, Konfessionen und Religionen. Das Bleiben am Ort ist ein Glaubenszeugnis für viele Menschen und ein Zeichen der Ermutigung. Mitten in aller Zerrissenheit wird versucht, treu die Einheit und den Frieden zu suchen, die wir offensichtlich nicht selbst machen können.

LXXXV

‚Ut unum sint' – unter diesem Motto stand die Pilgerreise von Papst Franziskus ins Heilige Land. Der Grund war das 50-jährige Jubiläum des historischen Treffens zwischen Papst Paul VI. und dem Patriarchen Athenagoras in Jerusalem. Am 25. und am 26. Mai 2014 trafen sich in Jerusalem wiederum der Bischof von Rom und der Patriarch von Konstantinopel, diesmal Franziskus und Bartholomäus.

Papst Franziskus setzte während dieser Reise eindrückliche Zeichen und sprach deutliche Worte. Enttäuschend war meines Erachtens nur ein Punkt, aber es war der zentrale Punkt: die Begegnung zwischen dem Bischof von Rom und dem Patriarchen von Konstantinopel. Dieses Zentrum der Pilgerfahrt wurde denn auch in den Medien kaum wahrgenommen und kommuniziert. Ein befreundeter orthodoxer Theologe schrieb mir dazu: „Ich habe fest an dich gedacht während der Papst-Pilgerreise. Wie hast du die Begegnung mit Patriarch Bartholomaios erlebt/wahrgenommen? Ich hätte mir einen Durchbruch, eine konkrete Initiative erwartet … Es wäre viel darüber zu reden. Irgendwie würde ich mir wünschen, dass diese Brüderlichkeit zwischen Apostelnachfolgern sich selber auch des Dialogs der Wahrheit annimmt. Wenn der Dialog der Wahrheit seit 35 Jahren an die Kommission delegiert wird und man sieht, dass auch dort die Kirchenpolitik vieles verdirbt, wäre es nicht sinnvoller, der Papst und die Patriarchen würden sich brüderlich zusammensetzen und gemeinsam, ohne Vermittlung, über den Petrusdienst sprechen? Solche Szenarien gehen durch meinen Kopf. Die schönen Erklärungen über die Weiterführung des Dialogs und darüber, dass der Heilige Geist allein die Einheit schafft, sind mir zu wenig. Zum Glück hat Franziskus doch die Einladung aus ‚Ut unum sint' erneuert, über neue Formen der Ausübung des Petrusamtes gemeinsam zu denken."

LXXXVI

Wäre tatsächlich nicht mehr, sogar sehr viel mehr möglich gewesen? Ich hatte es auch erwartet. Umso mehr bin ich jetzt herausgefordert, das, was tatsächlich passiert ist, genauer zu betrachten. Und da mache ich ein paar erstaunliche Beobachtungen, die nicht nur die Ökumene betreffen, sondern auch das Leben christlicher Gemeinschaften und Institutionen.

Lösungen kann man nur finden, wenn man das Problem kennt und sich diesem stellt. Das ist in der Theorie eine Selbstverständlichkeit, aber keinesfalls in der Praxis. Das größte Problem im menschlichen Leben und in allen menschlichen Einrichtungen – auch in kirchlichen Institutionen – ist, dass wir uns den Problemen oft gar nicht stellen. Selbstverständlich haben wir sofort kluge Gründe dafür parat – Theologen sogar theologische Gründe. Aber damit ist kein Problem gelöst. Und wir leiden darunter Tag für Tag. Das kostet uns sehr viel Energie, die wir für Sinnvolleres einsetzen könnten. Vom Schriftsteller Johann Peter Hebel (1760–1826) stammt das bemerkenswerte Wort: „Die meisten Berge, über die wir stolpern, setzen sich aus kleinen Steinen zusammen." Obwohl uns das Evangelium das ständig lehrt, diskutieren wir oft über die Unmöglichkeit, Berge zu überqueren und versäumen dabei, die kleinen Steinchen Tag für Tag wegzuräumen. Wir tun als Getaufte gut daran, die Augen nicht auf die unüberwindlichen Berge zu fixieren, sondern die kleinen Steine im Alltag zu beachten und wegzuschaffen. Dazu ermutigt uns auch der heilige Benedikt. Das häufigste Verb in der Regel ist nicht etwa ‚beten', sondern ‚murren'. Murren beginnt immer mit den kleinen Steinen des Alltags. Wenn diese nicht angegangen werden, entsteht ein Murrklima.

LXXXVII

Der heilige Benedikt warnt so sehr vor dem Murren, weil er aus eigener Erfahrung weiß, wie wir wegen der kleinen Steine die Gegenwart Gottes übersehen. Wie wahr das ist, konnte ich in Jerusalem bei der Vorbereitung eines Referats über Ökumene mit bleibenden Eindrücken erfahren. Ich saß auf einem Bänklein unter einem großen Baum, der wohltuend Schatten spendete. Die Gedanken zu dieser Konferenz stürzten regelrecht von oben herunter. Und plötzlich kam noch etwas Anderes von oben: Ein Schuss – um nicht sagen zu müssen ‚Schiss' –, der auf beiden Hosenbeinen einen bleibenden Eindruck hinterließ. Aber nicht nur auf dem schwarzen Stoff. Meine hehren spontanen Gedanken muss ich hier nicht weiter darlegen. Sie betrafen auf jeden Fall nicht die Sorge um die Einheit der Kirche, obwohl eigentlich überhaupt nichts Weltbewegendes geschehen war. So läuft es in unserem Alltag. Viele Theologen denken leider selten daran, dass es noch andere Vögel gibt als den Heiligen Geist und dass nicht alles Gnade ist, was von oben kommt.

Aus eigener Erfahrung kenne ich eine der Hauptaufgaben des Abtes: dafür sorgen, dass niemand einen berechtigten Grund zum Murren hat.[248] Das ist keine leichte Sache. Viel einfacher wäre es, immer über die Berge zu sprechen, die im Wege stehen, statt die Steine wegzuräumen, die Tag für Tag anfallen. Wenn wir murren, schauen wir zuerst herum, damit diejenigen, die etwas an der Situation ändern könnten, es sicher nicht hören. Wenn ich als Abt einen Raum betrat, in dem zwei Mitbrüder gerade heftig am Murren waren, wurde es sofort still. Und auf meine Frage, ob etwas nicht in Ordnung sei, meinten sie: „Warum? Wir haben ja nichts gesagt." Aber das Murren hing in der Luft. Mit dem Murren vergiften wir die Luft, die wir selbst einatmen, aber auch die anderen. Dem Murren kommen wir meistens nicht in den offiziellen Aussprachen auf die Spur, zum Beispiel im Kapitelsaal, im Büro des Abtes oder in Kommissionssitzungen. Es gibt tägliche Zeiten in unseren Gemeinschaften, die diesbezüglich viel wichtiger sind. Im ungezwungenen Zusammensein in den Rekreationszeiten konnte ich viele Steine erkennen, die zum Murren Anlass gaben.

LXXXVIII

Mit diesen Erfahrungen im Hintergrund kann ich sagen: Die Begegnungen zwischen Papst Franziskus und Patriarch Bartholomäus waren mehr Rekreationszeiten denn Kapitelsversammlungen. Warum das berechtigt war? Weil uns tatsächlich nicht so sehr theologische Fragen trennen, sondern viel mehr kleinere oder größere Steine im Alltag. Die beiden Kirchenmänner haben hier in Jerusalem nicht Berge bewegt, aber sie haben einige Steine weggeräumt. Dabei sind sie auch für alle christlichen Gemeinschaften Vorbild. Einige dieser Steine will ich hier kurz erwähnen. Wir können heute noch beginnen, sie auch bei uns wegzuräumen.

LXXXIX

Der Stein des Hasses. Im April 2014 besuchte ich in der Wüste das alte griechisch-orthodoxe Kloster Mar Saba, nicht weit entfernt von Bethlehem. Hier verbrachte im 8. Jahrhundert der Kirchenvater Johannes von Damaskus seine letzten Lebensjahre. Wir werden später noch einmal auf ihn zu sprechen kommen. Mit einem jüngeren Mönch kam ich dort ins Gespräch. Ich fragte ihn auch, was er vom bevorstehenden Treffen zwischen dem Bischof von Rom und dem Patriarchen von Konstantinopel halte. Ohne lange Überlegung sagte er: „Der Papst ist der Antichrist.“ Ein anderer Mönch aus demselben Kloster sagte mir später: „Du hast Glück gehabt. Der größte Fanatiker ist zurzeit nicht hier.“

Freilich: Auch auf unserer Seite gibt es Fanatiker. Umso eindrücklicher war für mich vor einem solchen Hintergrund, dass diesmal bei der Pilgerfahrt nach Jerusalem nicht nur eine Begegnung stattfand wie vor fünfzig Jahren, sondern sogar ein gemeinsamer Gottesdienst in der Grabeskirche. So wird aus Hass Freundschaft. Der andere ist nicht der Konkurrent, sondern der Bruder. Hier hat das gegenseitige Absprechen des Glaubens keinen Platz mehr. Hass, Aggression und Ausgrenzung gehören auch in unserer Kirche noch nicht der Vergangenheit an. Wie weit sind wir noch von gegenseitiger Freundschaft entfernt, wenn Katholiken kritischen Schwestern und Brüdern raten, zu den Protestanten zu gehen, damit wir unsere Ruhe haben! Wo man das regelmäßig lesen kann, will ich jetzt hier nicht verraten …

XC

Der Stein der Verlogenheit. Wir tun in der Kirche oft ‚als ob' und zerstören damit viel an Glaubwürdigkeit. Manchmal war mir die Vorbereitung von Ansprachen bei Jubiläen und Verabschiedungen eine besondere Herausforderung. Ich konnte und wollte nicht Dinge loben, die nicht lobenswert sind oder Schwierigkeiten unter den Tisch kehren, die doch allen bekannt waren. Solche Ansprachen wären genauso peinlich wie einige Reden, wie man sie an Gräbern erleben kann. Wie lächerlich und unglaubwürdig die Verlogenheit ist, wie verletzend und erniedrigend! Ich denke zum Beispiel an himmelhochlobende Nachrufe über Menschen, die andere sexuell missbraucht haben. Das verletzt die Opfer erneut. Und es nimmt die Täter nicht ernst, zu deren Heilsgeschichte auch das Missratene ihres Lebens gehört. Übrigens wie bei uns allen.

Verlogenheit gibt es auch bei Mitgliedern von ökumenischen Gesprächskommissionen. Das ist tatsächlich die schlechtest mögliche Grundlage für ein Vorwärtskommen. Ohne gegenseitiges Vertrauen kann man keinen schwierigen Berg besteigen. Wer mit dem Gesprächspartner nicht offen und ehrlich sein will, kann nicht wirklich mit ihm unterwegs sein. Nach meinem Sportunfall begann ich mit dem Sprechen mit den Menschen, denen ich vertraute. Ihnen verdanke ich besonders, dass ich die Sprache wiedergefunden habe. Nur im gegenseitigen Vertrauen geht es vorwärts.

Verlogenheit gibt es nicht nur zwischen den Konfessionen, es gibt sie auch im eigenen Haus. Von mehreren Kardinälen habe ich über schlimme Zustände in der Kurie gehört. In der Öffentlichkeit aber stritten sie wiederholt eine Kurienreform als unnötig ab, weil alles problemlos laufe. Die angesprochenen Skandale seien Erfindungen der Medien. Bald nach der Wahl von Papst Franziskus sagten wiederum dieselben Leute, die dringlichste Aufgabe des neuen Papstes sei die Kurienreform. Leider hat die angeblich ‚christlich-humanistische Kultur' im Vatikan solche Haltungen stark gefördert. Wären diese Kardinäle immer sich selbst treu geblieben, wären sie leider wohl nicht Kardinäle geworden. Und so wurden selbst hervorragende Persönlichkeiten zu Windfahnen. Bleibt zu hoffen für sie selbst und für die Kirche, dass sie zu ihrer gottgeschenkten Originalität zurückfinden. Auch Papst Franziskus liegt Aufrichtigkeit am Herzen.

Im Tweet vom 9. Juni 2014 schreibt Papst Franziskus: „Reden wir nicht hinterrücks schlecht über die anderen, sondern sagen wir ihnen offen, was wir denken." Wie dankbar bin ich, dass ich in verschiedenen Konfessionen gute Freunde habe, mit denen ich auch darüber sprechen kann, was mir bei uns selbst und bei ihnen Mühe macht.

Wie wichtig Freundschaften auch für den Dialog zwischen Kulturen, Staaten und Religionen sind, zeigte die Pilgerreise von Papst Franziskus ins Heilige Land, die er mit einem jüdischen und einem muslimischen Freund vorbereitete und durchführte. Diesem Beispiel können wir dort, wo wir leben, Tag für Tag folgen. Es sind solche Begegnungen und Freundschaften zwischen Angehörigen der verschiedenen Kulturen, Religionen und Nationalitäten, die zu Gerechtigkeit und Frieden für alle Menschen beitragen können.

Ein Beispiel ist für mich die bereits erwähnte muslimische Familie, die mich mit ihrem Vertrauen mir gegenüber überrascht hat. Der älteste Sohn, der in Nablus Wirtschaft studiert hatte, nahm mich in verschiedene palästinensische Orte mit und machte mich mit dort lebenden Menschen bekannt. Als ich ihn zu einem einwöchigen Besuch in die Schweiz einlud, war seine Familie damit einverstanden. Das Gesuch für ein Visum haben wir bei der Vertretung der Schweiz in Palästina in Ramallah am 25. Juni 2014 eingereicht. Zusammen mit Israelis lebt er in derselben Stadt, in Jerusalem. Israelis können ohne Visum drei Monate in die Schweiz reisen. Ein Palästinenser braucht dazu ein Visum. Das Fehlen eines Passes erschwert dies noch zusätzlich. Shadi brauchte zudem die Einladung in die Schweiz, er musste die genaue Zeit angeben und das Flugticket vorweisen. Der Flug war gebucht für den 30. Juli 2014 am frühen Morgen. Erst vier Tage vor der Abreise kam das Visum. Drei Tage vorher flogen wegen des Krieges im Gazastreifen keine Flugzeuge von und nach Tel Aviv. Dass es klappte, glaubte ich erst, als ich Shadi am Flughafen Zürich willkommen heißen durfte. Zwischen 30. Juli und 6. August zeigte ich meinem Gast verschiedene Orte und Institutionen in der Schweiz. Mit unserem Besuch in Lugano hat dieses Buch begonnen. Was war das Ziel dieser Woche? Ich sagte Shadi, dass er Positives und Negatives sehen werde. Wir besuchten Orte und Menschen, die davon zeugen, dass man auch in schwierigsten Situationen völlig überraschende, neue Wege finden kann. Besonders wertvoll waren die Begegnungen mit Menschen an den verschiedenen Orten und unterwegs. Erwähnt seien hier die UNO und das Rote Kreuz in Genf, die einst völlig verarmte und heute blühende Region um das Matterhorn, sowie die Aushängeschilder ‚Schweizer Schokolade' und ‚Schweizer Uhren', denen bei uns die nötigen Rohstoffe fehlten. Einige mutige Menschen haben es gewagt, ‚trotz allem' etwas anzufangen, und heute rühmen wir uns dieser weltweit erfolgreichen ‚typisch schweizerischen' Produkte. Welche Freude war es für einen Palästinenser, am

Sitz der FIFA vom Präsidenten empfangen zu werden und gemeinsam eine Palästina-Flagge zu halten, die in seiner Heimat verboten ist! Dem Präsidenten ist es ein persönliches Anliegen, den internationalen Sport in allen Ländern zu verorten, nicht nur in Europa. Das weiß man in Palästina. Gerade hier ist der Westen gefordert, Privilegien loszulassen. Shadi spricht sehr gut Englisch, ist intelligent, vielseitig interessiert, kleine und für uns selbstverständliche Erfahrungen bereiten ihm große Freude. Von seinen Talenten und seiner Familie her – aber auch von seinem großen Freundeskreis – hat er viele Möglichkeiten, in Palästina Verantwortung zu übernehmen. Es war meine Hoffnung, dass er von hier Ideen und Impulse mitnehmen konnte, wie man selbst in aussichtslosen Situationen Neues anstoßen kann, damit so immer wieder möglich wird, was alle für unmöglich gehalten haben. In der Zwischenzeit durfte er auch schon wichtigen Besucherinnen und Besuchern aus Europa Palästina zeigen.

Beispiele ermutigen, andere und auch mich selbst. Das darf ich selber auch immer dann erfahren, wenn ich mit offenen Augen und aufgeschreckten Ohren an anderen Orten die Wirklichkeit der Kirche sehe.

XCI

Der Stein der Papstfixierung. Im Vorfeld des Papstbesuches im Heiligen Land gab der griechisch-orthodoxe Patriarch von Jerusalem, Theophilus III., der ‚Tagespost‘ ein Interview. Zuerst habe ich mich darüber aufgeregt. In der Zwischenzeit muss ich sagen: Er hat aufrichtig Steine angesprochen. Das Hauptproblem der Trennung zwischen den

Kirchen besteht nach Ansicht des griechisch-orthodoxen Patriarchen von Jerusalem vor allem im Amt des Papstes. Charakteristisch für die Christen sei die Freiheit der Kinder Gottes. Gott habe das Geschenk gegeben, eigenverantwortlich zu handeln. Die letzte Autorität sei der Schöpfer, und Christus das Haupt seiner Kirche. Er habe aber den Eindruck, dass Katholiken der Papst wichtiger sei als Christus.

Selbstverständlich werden wir uns sofort dagegen wehren. Aber müssen wir uns nicht fragen, ob wir diesen Eindruck doch tatsächlich vermitteln? Selbstverständlich ist Christus das Haupt der Kirche. Und doch bezeichnen heute noch viele den Papst als Oberhaupt der Kirche. Aber Oberhaupt der Kirche ist nicht der Papst, auch nicht Haupt. Haupt der Kirche ist Jesus Christus.

Papst Franziskus arbeitet Tag für Tag daran, von der Papstfixierung wegzuführen. Angesprochen darauf, wie er selbst mit der Begeisterung für ihn umgehe, antwortete er: „Ich gehe da durch und danke dem Herrn, dass sein Volk glücklich ist. Ich sehe es als Großzügigkeit des Volkes an. Innerlich versuche ich an meine Sünden und Fehler zu denken … und ich weiß, das wird nur kurz dauern, zwei drei Jahre, dann geht es ins Haus des Vaters. Es ist nicht weise, dass ich das gesagt habe – aber ich sehe die Anwesenheit des Herrn in seinem Volk, das den Bischof, den Hirten des Volkes, zum Anlass nimmt, um viele Dinge auszudrücken. Ich erlebe das heute natürlicher als zu Beginn meines Amtes. Zu Beginn bin ich etwas erschrocken: Wie, löse das wirklich ich aus? Mir kommt auch in den Sinn: mach keine Fehler, denn du sollst diesem Volk nicht Unrecht tun. Ungefähr so.“[249]

Allerdings hat der Bischof von Rom größere Mühe mit der Papstfixierung auch und gerade in höchsten kirchlichen

Kreisen. So gab der Papst der italienischen Bischofskonferenz die Kompetenz, ihren Präsidenten selbst zu wählen, wie das in allen Bischofskonferenzen üblich ist. Bisher hat jeweils der Papst diesen bestimmt. In aller (gespielten?) Bescheidenheit bedankten sich die italienischen Bischöfe, aber wollten als Ausdruck ihrer Verbundenheit mit dem Heiligen Vater auf diese Kompetenz verzichten. In der Zwischenzeit haben sie einen Kompromiss gefunden: Sie legen dem Papst Namen vor und dieser kann einen davon zum Präsidenten bestimmen.[250] Damit ist der Papst wohl in einer noch schwierigeren Situation als bisher. Das sind peinliche Theatereinlagen! Hoffentlich ist es nur eine Station in einem längeren Prozess.

XCII

Der Stein des Autoritarismus. Bei der Begegnung in Jerusalem wurde nicht von oben herab dreingeschlagen und die Marschrichtung angeordnet, obwohl viele sich das erhofft und andere befürchtet haben. Es geht um viel mehr. Es geht darum, alle Getauften auf diesen Weg zur Einheit mitzunehmen. Papst und Patriarchen können das nicht fordern, sondern dazu ermutigen, indem sie mit dem guten Beispiel vorangehen. Was Jorge Mario Bergoglio zu Autorität gesagt hat, soll hier noch einmal wiederholt werden: „Autorität kommt von augere, was so viel heißt wie ‚wachsen lassen'. Autorität zu haben heißt nicht, eine repressive Person zu sein. Die Repression ist eine Deformation der Autorität. Autorität, richtig ausgeübt, schafft vielmehr einen Raum, in dem die Person wachsen kann. Und Autorität hat, wer einen

Raum des Wachsens schaffen kann."[251] Solche Autorität war in Jerusalem wohltuend erfahrbar.

Von Menschen verursachte Enge und von Menschen überraschend geschenkten Raum durfte ich zusammen mit meinen Gästen am 1. Juli 2014 selbst erfahren. Am Tag zuvor wurde plötzlich die Übertragung des Fußballspiels Frankreich-Nigeria unterbrochen, die wir uns in Tabgha am See Gennesaret ansahen. Die vor Wochen entführten drei israelischen Jugendlichen wurden ermordet aufgefunden. Im israelischen Fernsehen war das verständlicherweise das einzige Thema. Von verschiedenen Seiten – auch von oberster politischer Stelle – wurde Rache gefordert. Die Früchte dieser Aufforderung mussten wir am späten Dienstagnachmittag erfahren. Mit dem öffentlichen israelischen Bus fuhren wir von Galiläa zurück nach Jerusalem. Die Endstation liegt am Rande der Stadt. Dort bestiegen wir das Tram (die einzige Tramlinie in Jerusalem), damit wir um 19 Uhr im Österreichischen Hospiz das Fußballspiel Schweiz-Argentinien schauen konnten. So weit kam es aber nicht. Das Tram fuhr lange nicht, dann mit vielen Stopps. Es war klar, dass etwas nicht stimmte. Als ich drei Jugendliche mit israelischen Flaggen um die Schultern gehängt sah, war klar: Es gab eine Demonstration von größtenteils jungen Menschen aus israelischen Siedlungen auf palästinensischem Boden. Und plötzlich waren wir mitten in dieser hasserfüllten Demonstration, begleitet von einem großen Polizeiaufgebot. Die Jugendlichen führten weiter, was Verantwortliche im Staat während drei Wochen vorgelebt hatten: Nicht irgendjemand hatte die Jugendlichen entführt, sondern kollektiv die Palästinenser. Viele Palästinenser wurden verhaftet, mehrere getötet. Sobald die Jugendlichen im stillstehenden oder sehr langsam fahrenden Tram Palästinenser sahen, schlugen sie mit voller Wut auf die Fenster ein. Diese zerbrachen, wurden aber wie Autoscheiben durch feine starke Netze zusammengehalten. Auch im Innern des Trams stiegen die Emotionen: Angst, Wut, Ohnmacht. Juden begaben sich an sichere Plätze. Ein Aussteigen war nicht möglich. Es gab nur eine Möglichkeit: Mit den Menschen in ihrer Not bleiben. Besonders beeindruckt hat mich ein etwa 20-jähriger Palästinenser, der neben uns zwei ca. 17-jährige Palästinenser bat, jetzt möglichst ruhig zu bleiben, damit nicht noch Schlimmeres geschieht. Sie reagierten mit deutlich verächtlichen Zeichen auf die Provokationen von außen, wie das für Jugendliche in diesem Alter selbstverständlich ist. Beim Damaskustor stiegen wir aus. Hier beginnt der palästinensische Stadtteil. Wir konnten uns, vorbei an einer gegen die im Einsatz stehenden Polizisten aufgebrachten protestierenden Schar palästinensischer Jugendlicher, in die Altstadt retten. Der von israelischer Seite gut gemeinte Einsatz zur Beruhigung von Konfrontationen zwischen Israelis und Palästinensern ist aus palästinensischer Sicht verständlicherweise immer schon parteiisch.

Was können wir daraus lernen? Wer die Macht hat, muss in Konflikten damit sehr zurückhaltend umgehen.

XCIII

Der Stein der Überheblichkeit. Gerade die Größe und Macht einer Konfession kann leicht dazu verführen, sich besser als die anderen zu fühlen und sie das auch immer wieder spüren zu lassen. Einige solche Steine haben wir im Laufe der

Geschichte in den Garten der Orthodoxen geworfen, vom Garten der Gemeinschaften der Reformation gar nicht zu sprechen. Und besonders tragisch ist es, dass wir es oft nicht einmal merken. Die Orthodoxen haben mit uns nicht Mühe, weil wir katholisch sind, sondern weil wir uns katholisch nennen, aber nicht katholisch handeln. Denken wir zum Beispiel an die Dogmatisierung der Aufnahme Marias in den Himmel. Dies ist für die Orthodoxen kein theologisches Problem in Bezug auf die Mariologie (in der Bulle wird auch mit gemeinsam verehrten Theologen argumentiert, zum Beispiel mit dem heiligen Johannes von Damaskus), sondern in Bezug auf die Ekklesiologie. Die Dogmatisierung war ganz klar kein ‚katholisches' Vorgehen, sondern ein Alleingang. Ebenso gewiss nicht böse gemeint, aber nicht sehr katholisch war die Entscheidung, in Jerusalem in Zukunft den gleichen Ostertermin wie die Orthodoxen zu haben. Selbstverständlich ohne Rücksprache mit den Orthodoxen. Dasselbe mit der Errichtung von Bischofssitzen. Schon höre ich den Einwand: Warum sollten wir dazu die Orthodoxen fragen? Damit kommen wir zum nächsten Stein.

XCIV

Der Stein des Nebeneinander oder des Gegeneinander. Die andere Konfession ist nicht eine Konkurrenz. Sie ist nicht eine Gemeinschaft, die mit uns nichts zu tun hat. Im Gegenteil. Es gibt nur einen Leib Christi. Alle Getauften gehören dazu. Und in diesem einen Leib Christi sind wir untereinander zerstritten. Wir müssen zum Miteinander finden, um die Spaltung überhaupt wahrzunehmen und darunter zu leiden.

Grundlage für die Ökumene ist es, den anderen Menschen zu respektieren und als Schwester oder Bruder wahrzunehmen und vielleicht sogar in Freundschaft einen gemeinsamen Weg zu gehen. Dieses Miteinander war in Jerusalem offensichtlich: Der Papst saß auf einem gleichen Stuhl wie die anderen, auch in derselben Reihe. Er ließ dem Patriarchen von Konstantinopel beim Eintreten in die Grabeskammer den Vortritt. Er hatte keinen Hofstaat um sich, sondern ließ sich vom Patriarchen die Seite im Büchlein zeigen. Er bat den Patriarchen, den Segen zu eröffnen und schloss sich dann an. Den Patriarchen nannte er „mein geliebter Bruder in Christus" – und man glaubte ihm das. Er war in aller Natürlichkeit und Demut da, es gab keinen Moment des ‚Von oben herab'. „Es ist eine außerordentliche Gnade, hier im Gebet vereint zu sein",[252] sagte Papst Franziskus in seiner Ansprache. Das Miteinander zeigt sich auch im gemeinsamen Leiden: „Wenn Christen verschiedener Konfessionen gemeinsam zu leiden haben, die einen an der Seite der anderen, und einander in brüderlicher Liebe Hilfe leisten, verwirklicht sich eine Ökumene des Leidens, verwirklicht sich die Ökumene des Blutes, die eine besondere Wirksamkeit besitzt, nicht allein für die Zusammenhänge, in denen sie stattfindet, sondern dank der Gemeinschaft der Heiligen auch für die gesamte Kirche. Diejenigen, die aus Hass auf den Glauben die Christen töten, sie verfolgen, fragen sie nicht, ob sie Orthodoxe oder Katholiken sind: Sie sind Christen. Das christliche Blut ist dasselbe."[253] Die größten Verfolger der Christinnen und Christen können uns Vorbild sein. Sie sind in ihrem Verständnis der Taufe offensichtlich viel weiter als mancher Hirte der Kirche und zeigen eindeutig mehr Kenntnis von Ökumene, als manche innerkirchlichen Verlautbarungen.

XCV

Der Stein der Kleinlichkeit. Mit welchen Kleinigkeiten setzen wir unsere Berufung aufs Spiel! Außenstehende nehmen uns wie Kinder wahr, die sich in einem Sandkasten streiten. Wie peinlich, wenn vor dem Treffen zwischen dem Bischof von Rom und dem Patriarchen von Konstantinopel Kirchenleute nichts Gescheiteres zu sagen haben, als dass der Patriarch von Konstantinopel keine große Bedeutung habe, weil er nur 9000 Gläubigen vorstehe, der Patriarch von Moskau aber 130 Millionen Gläubigen. Wegen der pro-europäischen Haltung der griechisch-katholischen Kirche in der Ukraine-Krise nahm kein russisch-orthodoxer Vertreter in der Grabeskirche teil. Allerdings: Wir haben keinen Grund, überheblich auf solches Gehabe zu blicken. Wir haben es in unserer Machtposition lange genug selbst gemacht. Moskau hat da bis vor kurzem von Rom viel lernen können. Machen wir mit solchem Gehabe und solchen Argumenten nicht Gott lächerlich? Unsere Berufung ist doch viel größer. Genau hier setzte Papst Franziskus in seiner Ansprache an: „Nehmen wir die besondere Gnade dieses Augenblicks an. Verweilen wir in ehrfürchtiger Sammlung am leeren Grab, um die Größe unserer christlichen Berufung wiederzuentdecken: Wir sind Männer und Frauen der Auferstehung, nicht des Todes. Lernen wir von diesem Ort, unser Leben, die Sorgen unserer Kirchen und der ganzen Welt im Licht des Ostermorgens zu leben. Jede Verwundung, jedes Leiden, jeder Schmerz sind vom Guten Hirten auf seine eigenen Schultern geladen worden; er hat sich selbst hingegeben, und mit seinem Opfer hat er uns den Übergang ins ewige Leben eröffnet. Seine offenen Wunden sind gleichsam das

Tor, durch das sich der Strom seiner Barmherzigkeit über die Welt ergießt. Lassen wir uns die Grundlage unserer Hoffnung nicht nehmen, die genau diese ist: Christòs anesti! Enthalten wir der Welt die frohe Botschaft der Auferstehung nicht vor! Und seien wir nicht taub gegenüber dem mächtigen Aufruf zur Einheit, der gerade von diesem Ort aus in den Worten dessen ertönt, der als Auferstandener uns alle ‚meine Brüder' nennt (vgl. Mt 28,10; Joh 20,17)!"[254]

XCVI

Der Stein der Spaltung. Dazu möchte ich nur aus der Ansprache von Papst Franziskus bei der Grabeskirche zitieren, nicht zuletzt darum, weil er selbst vom Wegnehmen der Steine spricht: „Sicher, wir können die Spaltungen, die unter uns Jüngern Jesu noch bestehen, nicht leugnen: Dieser heilige Ort lässt ihr Drama noch leidvoller empfinden. Und doch erkennen wir fünfzig Jahre nach der Umarmung jener beiden ehrwürdigen Väter mit Dankbarkeit und neuem Staunen, wie es durch den Antrieb des Heiligen Geistes möglich war, wirklich bedeutende Schritte auf die Einheit hin zu vollziehen. Wir sind uns bewusst, dass noch eine weitere Wegstrecke zurückzulegen bleibt, um jene Fülle der Gemeinschaft zu erreichen, die ihren Ausdruck auch in der Teilnahme am selben eucharistischen Mahl finden kann, die wir so brennend ersehnen; doch die Unstimmigkeiten dürfen uns nicht erschrecken und unser Vorangehen nicht lähmen. Wir müssen glauben, dass ebenso, wie der Stein vom Grab weggewälzt worden ist, auch alle Hindernisse ausgeräumt werden können, die der vollen Gemeinschaft zwischen uns noch im Weg stehen. Es wird eine Auferstehungsgnade sein, die wir schon heute vorauskosten können. Jedes Mal, wenn wir einander um Vergebung bitten für die gegen andere Christen begangenen Sünden, und jedes Mal, wenn wir den Mut haben, diese Vergebung zu gewähren und zu empfangen, machen wir eine Erfahrung der Auferstehung! Jedes Mal, wenn wir nach der Überwindung alter Vorurteile den Mut haben, neue brüderliche Beziehungen zu fördern, bekennen wir, dass Christus wahrhaft auferstanden ist. Jedes Mal, wenn wir die Zukunft der Kirche von ihrer Berufung zur Einheit her bedenken, erstrahlt das Licht des Ostermorgens! Diesbezüglich möchte ich den bereits von meinen Vorgängern ausgedrückten Wunsch erneuern, einen Dialog mit allen Brüdern in Christus zu führen, um für den besonderen Dienst des Bischofs von Rom eine Form der Ausübung zu finden, die sich seiner Sendung entsprechend einer neuen Situation öffnet und im heutigen Kontext ein von allen anerkannter Dienst der Liebe und der Gemeinschaft sein kann (vgl. Johannes Paul II., Enzyklika Ut unum sint, 95–96)."

Papst Franziskus traut sich, die Steine anzusprechen: „Heiligkeit, geliebter Bruder, all ihr lieben Brüder, schieben wir die Zaudereien, die wir von der Vergangenheit geerbt haben, beiseite und öffnen wir unser Herz dem Wirken des Heiligen Geistes, dem Geist der Liebe (vgl. Röm 5,5), um gemeinsam mit raschen Schritten dem segensreichen Tag unserer wiedergefundenen vollen Gemeinschaft entgegenzugehen.[255]

XCVII

Bei der Generalaudienz am Mittwoch, dem 28. Mai 2014, blickte Papst Franziskus auf die Pilgerreise ins Heilige Land zurück. Nach allem jetzt Berichteten hören wir vielleicht anders, was er zum Zentrum seiner Reise gesagt hat: „Das Hauptziel dieser Pilgerreise war das Gedenken an den 50. Jahrestag der historischen Begegnung zwischen Papst Paul VI. und dem Patriarchen Athenagoras. Das war das erste Mal, dass ein Nachfolger Petri das Heilige Land besuchte. So machte Paul VI. während des Zweiten Vatikanischen Konzils den Anfang mit den Reisen der Päpste unserer Zeit außerhalb von Italien. Diese prophetische Geste des Bischofs von Rom und des Patriarchen von Konstantinopel war ein Meilenstein auf dem schwierigen, aber verheißungsvollen Weg der Einheit aller Christen, der seitdem bedeutende Fortschritte gemacht hat. Daher stellte meine Begegnung mit Seiner Heiligkeit Bartholomäus, dem geliebten Bruder in Christus, den Höhepunkt des Besuches dar. Gemeinsam haben wir am Grab Jesu gebetet, und bei uns waren der griechisch-orthodoxe Patriarch von Jerusalem, Theophilos III., sowie der armenisch-apostolische Patriarch Nourhan und außerdem Erzbischöfe und Bischöfe verschiedener Kirchen und Gemeinschaften, zivile Autoritäten sowie zahlreiche Gläubige. An jenem Ort, wo die Auferstehung verkündet wurde, haben wir die ganze Bitterkeit und das Leid der Spaltungen wahrgenommen, die unter den Jüngern Christi noch immer bestehen; und das tut wirklich sehr weh, es tut im Herzen weh. Wir sind noch immer gespalten; gerade an dem Ort, wo die Verkündigung der Auferstehung stattgefunden hat, wo Jesus uns das Leben schenkt, sind wir noch immer etwas gespalten. Noch einmal bitte ich, wie es auch die vorherigen Päpste getan haben, um Vergebung für das, was wir getan haben, so dass diese Spaltung begünstigt wurde, und ich bitte den Heiligen Geist, dass er uns helfen möge, die Wunden zu heilen, die wir den anderen Brüdern zugefügt haben. Wir alle sind Brüder in Christus, und mit dem Patriarchen Bartholomaios sind wir Freunde, Brüder, und haben den gemeinsamen Willen zum Ausdruck gebracht, den Weg zusammen zu gehen, alles zu tun, was wir von heute an tun können: gemeinsam beten, gemeinsam für die Herde Gottes arbeiten, den Frieden suchen, die Schöpfung bewahren, viele Dinge, die wir gemeinsam haben. Und als Brüder müssen wir vorangehen."[256]

XCVIII

Je mehr ich die Pilgerreise ‚Ut unum sint' betrachte, umso mehr beeindruckt sie mich. Eines ist mir klargeworden: Wichtiger als jedes Papier ist das lebendige Zeugnis. Der Fanclub früherer Päpste wird sagen: „Das ist doch nichts Neues. Das haben auch Papst Johannes Paul II. und Papst Benedikt XVI. bereits gesagt." Das stimmt – bis zu einem gewissen Punkt. Und doch ist da etwas entscheidend Neues: Papst Franziskus glauben die Menschen, was er sagt.

Papst Franziskus wagt es, die Steine in unserer Kirche anzugehen. Das Papstamt hat dabei gewiss nicht an Autorität verloren. Dies zeigte sich nicht nur in der Begegnung zwischen dem Patriarchen Bartholomäus und Papst Franziskus in Jerusalem, das zeigte sich besonders an der Präsenz der beiden auch am Pfingstfest 2014 beim Gebetstreffen im Vatikan. Patriarch Bartholomäus weist in ebenso überzeugender

Weise wie Papst Franziskus darauf hin, dass die orthodoxe Kirche katholisch ist und nicht in nationalen Interessen gefangen bleibt. Papst Franziskus und Patriarch Bartholomäus haben in Jerusalem recht viel Zeit miteinander verbracht. Sie brauchen keine Sekretäre oder gar Außenminister mehr, um miteinander Kontakt aufzunehmen. Sie brauchen nicht mehr Kommissionen, die ihnen den Weg zueinander vorbereiten. Sie können normal miteinander umgehen, wie das für Brüder eine Selbstverständlichkeit sein sollte. Sie vertrauen einander – und das ist die Voraussetzung für Freundschaft, aber auch für die Einheit der Kirche.

Das lässt mich hoffen auf nächste Schritte, zum Beispiel gemeinsame Ferientage der großen Patriarchen und anderer wichtiger Vertreter der gespaltenen Kirche, also nicht zur Kapitelsversammlung, sondern zu gemeinsamer Rekreationszeit. Sie können da sprechen über das, was sie gerade bewegt, was sie freut, was sie ärgert, was sie hoffen und wovor sie Angst haben. So werden sie miteinander die Steine wahrnehmen und sich ihnen stellen. Dies geschieht nicht in formaler Steifheit, nicht mit diplomatischer Verlogenheit, sondern im unkomplizierten Miteinander des Alltags. Das wäre wohl auch für die Suche nach der Ausübung des Petrusamtes angemessener als das Delegieren an Gesprächskommissionen. Selbstverständlich müssten nicht alle teilnehmen. Aber wer nicht mitmachen würde, könnte spätestens beim Bekennen der einen, heiligen, katholischen und apostolischen Kirche in Verlegenheit kommen. Die Anregung von einem Treffen aller Patriarchen hörte ich übrigens zum ersten Mal vor etwa 20 Jahren von einem benediktinischen Mitbruder, der inzwischen zur russisch-orthodoxen Kirche gegangen ist.

Allerdings: Die verantwortlichen Amtsträger in der ‚einen, heiligen, katholischen und apostolischen Kirche' zur gemeinsamen Rekreationszeit zusammenzubringen wäre ein größeres Wunder, als die Präsidenten der verfeindeten Staaten Israel und Palästina zum Gebet zu versammeln. Sind wir uns dieses Skandals genügend bewusst?

Wir können hoffen, dass auch die ökumenischen Gesprächskommissionen die neue Kultur von ‚Evangelii gaudium' aufnehmen und die Steine des Hasses, der Verlogenheit, der Papstfixierung, des Autoritarismus, der Überheblichkeit, des Nebeneinander und des Gegeneinander, der Kleinigkeit und der Spaltung immer wieder auf die Seite legen.

Wenn wir dem Vorbild von Patriarch Bartholomäus und Papst Franziskus folgen, tragen wir viel zur Einheit bei – nicht nur unter den Konfessionen, sondern auch in unseren Gemeinschaften. Bitten wir Gott, dass dieses Wunder immer wieder geschieht. ‚Ut unum sint' – dass wir eins seien, damit die Welt glaubt!

Dafür muss sich der Bischof von Rom besonders einsetzen. Er wird in alle Erdteile eingeladen. Damit kann er Menschen gewinnen, sich zusammen mit ihm auf den Weg zu machen. Die Begeisterung ist groß. Das Ja zu einer Einladung löst viel Freude aus, allerdings nicht nur bei den Menschen von der Straße. Wer sich im Vatikan in seiner Ruhe auf hohem Stuhle gestört fühlt, weiß aus Erfahrung, dass viele Reisen nach außen wenigstens innen die dringend nötige Reform bremsen. Und das ist nicht ungefährlich, will die Kirche tatsächlich in der Treue wachsen.

XCIX

„Jesus liebte Judas. Nun aber war der Verrat an Jesus eine große Sünde, und dennoch war sie verzeihlich. Judas' Irrtum bestand in dem Glauben, sie sei es nicht, deshalb erhängte er sich. Stellen Sie sich vor, es sei alles ganz anders verlaufen, Judas sei zu Jesus geeilt, als er unter dem Kreuz wankte und strauchelte. Unter Geheul und Tränen wirft der Verräter sich auf die Knie und bittet sein Opfer um Vergebung, fasst seinen Rocksaum, fleht es an trotz der Fußtritte der römischen Soldaten. Was meinen Sie wohl, welcher Blick da auf ihn fällt? Ein Blick des Hasses? Ich glaube es nicht. Ein Blick voller Liebe, Wilfred, ein Blick voller Liebe."[257]

In der Gemeinschaft der ganzen Kirche dürfen wir die Freude des Glaubens entdecken. Jeder Mensch ist eingeladen, der sich nach Leben sehnt, nicht nach einem Überleben, sondern nach Leben in Fülle. Dafür gibt es nur eine treffende Schlagzeile:

Heute im Blick: im Blick Gottes – ein Blick voller Liebe!

C

Gebet

Du bist ein Gott der Überraschungen!
Das hat selbst deine Kirche in den vergangenen Jahrzehnten
in den großen Herausforderungen fast vergessen.
Wir wurden immer mehr wahrgenommen als eine Institution,
die verbietet, die Privilegien verteidigt, die verurteilt,
die festgefahren ist.
Viele haben sich von dieser Kirche verabschiedet,
weil sie das Wesentliche unseres Glaubens nicht mehr wahrgenommen haben.
Und da schenkst du uns einen Jesuiten vom Ende der Welt als Bischof von Rom.
Er lässt aufhorchen.
Er erinnert uns Tag für Tag durch Wort und Tat,
dass du den Menschen liebst und mit ihm sein willst.

Wir danken dir für Papst Franziskus!
Erhalte in ihm die Kreativität,
uns täglich auf überraschende Weise deine Gegenwart zu bezeugen
und zum lebendigen Glauben zu ermutigen.
Er möge noch lange die prophetischen Stimmen
der großen Ordensgründer erklingen lassen:
wie der heilige Benedikt mit offenen Augen und aufgeschreckten Ohren
mehr vorsehen als vorstehen;

wie der heilige Franz von Assisi die Kirche in Armut
erneuern;
wie der heilige Dominikus das Evangelium mit einer
Sprache verkünden,
die zu Herzen geht;
mit dem heiligen Ignatius in aller Klugheit die Geister
unterscheiden
und Gottes Willen tun.

Schenke allen Getauften die Gnade,
sich mit Papst Franziskus auf den Weg zu machen
und immer glaubwürdiger miteinander zu bezeugen,
dass du für alle Menschen das Leben in Fülle willst.

So werden wir zu einer immer wieder überraschenden
Kirche,
die dich, den immer wieder überraschenden Gott
verkündet –
zum Heil der Menschen, zu deiner Ehre![258]

Anmerkungen

[1] Vgl. Ez 12,2.
[2] Zum Beispiel Mk 3,12.
[3] Vgl. RB Vw 9.
[4] Zitiert in: I Millenari, Wir klagen an. Zwanzig römische Prälaten über die dunklen Seiten des Vatikans, Berlin 1999, 9. Papst Benedikt XVI. hat den Heiligen bei einer Generalaudienz als Vorbild für die Erneuerung der Kirche dargestellt: http://www.vatican.va/holy_father/benedict_xvi/audiences/2009/documents/hf_ben-xvi_aud_20091007_ge.html.
[5] Vgl. http://www.kipa-apic.ch/k256101.
[6] Martin Werlen, Bahngleichnis, Einsiedeln ^{3}2014, 11. Dieses Büchlein ist übrigens für viele Menschen eine Schule, selbst mit offenen Augen und aufgeschreckten Ohren durchs Leben zu gehen.
[7] Papst Franziskus an die Ordensoberen: http://www.laciviltacattolica.it/articoli_download/extra/Wake_up_the_world.pdf.
[8] http://www.vatican.va/holy_father/benedict_xvi/motu_proprio/documents/hf_ben-xvi_motu-proprio_20111011_porta-fidei_ge.html.
[9] Porta fidei, 2.
[10] Martin Kopp, Ein Konzil feiern? In: Martin Werlen, Miteinander die Glut unter der Asche entdecken, Einsiedeln ^{6}2013, 7.
[11] Miteinander die Glut unter der Asche entdecken, Einsiedeln ^{6}2013; Fuoco sotto cenere, Edizione San Paolo, Milano 2013; Embers in the Ashes. New Life in the Church, Paulist Press, Mahwah, NJ 2013; Découvrir ensemble la braise sous la cendre, Editions Bayard, Paris 2013; Las os sammen obdage gloden under asken, Kobenhavn 2013; Samen de gloed onder de as ontdekken, Amsterdam 2013.
[12] Vgl. zum Beispiel für den deutschsprachigen Raum den Eintrag „Miteinander die Glut unter der Asche entdecken" unter www.google.ch.
[13] Besonders gefreut habe ich mich über das umfangreiche Werk: Gerhard Gasser, Es soll brennen! Geschichten, die das Leben schrieb. Carouge 2014. Die engagierte Reflexion am Abend des Lebens über eigene Glaubens- und Kirchenerfahrungen wurde durch ‚Miteinander die Glut unter der Asche' angestoßen.
[14] http://www.vatican.va/roman_curia/congregations/cfaith/documents/rc_con_cfaith_doc_20120106_nota-anno-fede_ge.html.
[15] Porta fidei, 2.
[16] Zitiert in: I Millenari, Wir klagen an. Zwanzig römische Prälaten über die dunklen Seiten des Vatikans, Berlin 1999, 9. Ansprache von Papst Benedikt: http://www.vatican.va/holy_father/benedict_xvi/audiences/2009/documents/hf_ben-xvi_aud_20091007_ge.html.
[17] http://w2.vatican.va/content/francesco/de/speeches/2013/march/documents/papa-francesco_20130313_benedizione-urbi-et-orbi.html.

[18] Martin Schleske, Der Klang. Vom unerhörten Sinn des Lebens, München ^{5}2012, 16f.
[19] Nastja Makarytschowa, Mitte des Herzens, Zürich ^{2}1962. 24–25.
[20] RB 64,11.
[21] Giuseppe Alberigo, Geschichte des Zweiten Vatikanischen Konzils (1959–1965). Band II, Mainz 2000, 21.
[22] Vgl. http://www.kipa-apic.ch/index.php?na=0,0,0,0,d&ki=245457.
[23] http://w2.vatican.va/content/francesco/de/apost_exhortations/documents/papa-francesco_esortazione-ap_20131124_evangelii-gaudium.html.
[24] Evangelii gaudium, 1.
[25] Evangelii gaudium, 49.
[26] Evangelii gaudium, 271.
[27] Papst Franziskus an die Ordensoberen: http://www.laciviltacattolica.it/articoli_download/extra/Wake_up_the_world.pdf.
[28] Martin Werlen, Bahngleichnis, Einsiedeln ^{3}2014, 88.
[29] Vgl. Ez 37,1–14.
[30] Wenn immer möglich, höre ich jeden Tag einen Teil dieses Kunstwerks.
[31] Phil 3,20f.
[32] Präfation von den Verstorbenen I.
[33] http://www.vatican.va/holy_father/benedict_xvi/audiences/2009/documents/hf_ben-xvi_aud_20091007_ge.html.
[34] Evangelii gaudium, 8.
[35] Siehe S. 4.
[36] Zugang zu seinen Impulsen findet man leicht über http://w2.vatican.va/content/vatican/de.html, auch mit den Tagesmeditationen in der täglichen Eucharistiefeier und über http://de.radiovaticana.va/; seine Botschaften immer wieder auf den Punkt gebracht über Twitter @Pontifex_de.
[37] Evangelii gaudium, 25.
[38] Evangelii gaudium, 30.
[39] Evangelii gaudium, 32.
[40] Evangelii gaudium, 33.
[41] Evangelii gaudium, 120.
[42] Evangelii gaudium, 97.
[43] Einzig an dieser Stelle, bei der Erzählung über eine Begegnung zwischen Konfessionen und im Zusammenhang mit einem Internetportal meint ‚katholisch' die Bezeichnung einer Konfession, ansonsten ist damit die Kirche gemeint, die die eine, heilige, katholische und apostolische ist, wie wir im Credo bekennen.
[44] Wer einzelne Artikel des Portals liest und besonders die Kommentare, begegnet immer wieder einer Kultur, die sich nicht katholisch nennen darf: ausschließend, hasserfüllt und menschenverachtend. Darum dürfen wir als Kirche zu solchen Machenschaften nicht einfach schweigen. Auch ehrlich suchende Menschen werden in eine Enge begleitet, aber nicht zur Weite des Herzens, zu der unser Glaube führt.

Wer seine Sicht von Kirche und Gesellschaft von kath.net prägen lässt, kommt für verantwortungsvolle Aufgaben in der Kirche kaum in Frage; nicht weil er zu katholisch ist (wie auf kath.net behauptet wird), sondern weil Wesentliches fehlt, das zum Katholischsein gehört. Ich bin mir bewusst, dass diese Darlegung die Zahl der Besuche des Internetportals erhöht. Allerdings habe ich die Hoffnung, dass sie auch andere Früchte trägt. Denn katholische Medienpräsenz brauchen wir.

45 http://www.kloster-fahr.ch/leben-im-kloster/silja-walter/.

46 Lk 12,49.

47 Joseph Ratzinger, Das neue Volk Gottes. Entwürfe zur Ekklesiologie, Düsseldorf 1972, 102.

48 1 Joh 4,20.

49 Lk 23,43.

50 Mk 8,33.

51 Martin Werlen, Miteinander die Glut unter der Asche entdecken, Einsiedeln [6]2013, 12.

52 Ebda., 13.

53 http://www.srf.ch/kultur/musik/die-gnadenlose-selbstueberschaetzung-der-florence-foster-jenkins.

54 Vgl. RB 58,18.

55 http://www.kipa-apic.ch/?na=0,0,0,0,d&ki=236470&pw=BKf8_ogJ.

56 Papst Franziskus an die Ordensoberen: http://www.laciviltacattolica.it/articoli_download/extra/Wake_up_the_world.pdf.

57 Silja Walter, Die Beichte im Zeichen des Fisches. Ein geistliches Tagebuch, Fribourg 2005.

58 Evangelii gaudium, 71.

59 Apg 8,1b.

60 Apg 8,4.

61 Apg 8,5.

62 Apg 8,6.

63 Apg 8,6.

64 Apg 8,8.

65 Evangelii gaudium, 135.

66 Apg 8,14f.17.

67 Vgl. Hans Conrad Zander, Darf man über Religion lachen? Köln 2005.

68 http://de.radiovaticana.va/news/2013/04/16/papst_franziskus_bem%C3%A4ngelt_umsetzung_des_zweiten_vatikanums/ted-683281.

69 http://de.radiovaticana.va/news/2013/05/16/papst:_%E2%80%9Ewohnzimmer-christen_bringen_die_kirche_nicht_weiter%E2%80%9C/ted-692654.

70 Evangelii gaudium, 129.

71 http://www.ksta.de/politik/-papst-vertrauter–tebartz–kommt-nicht-zurueck-,15187246,25935270.html.

72 Vgl. dazu http://www.kath.ch/skz/index.php?PHPSESSID=emnbg2cjns96pvdgjfa6ki3ka6&kz=1027.

[73] Ida Friederike Görres, Im Winter wächst das Brot, Einsiedeln 1970. 125–127.
[74] Dieses Kapitel ist entstanden aus meiner Kolumne ‚Von Engeln in kuriosen Verkleidungen' in der SonntagsZeitung vom 31. März 2013.
[75] http://www.vatican.va/holy_father/benedict_xvi/homilies/2007/documents/hf_ben-xvi_hom_20070908_mariazell_ge.html.
[76] Gesprochen ‚Ischten hosot', mit Betonung jeweils der ersten Silbe.
[77] http://jafi.org/JewishAgency/English/Jewish+Education/German/Israel+und+Zionismus/Personen/Jitzchak+Rabin.htm.
[78] http://www.taz.de/!138260/.
[79] http://www.humanrights.ch/de/menschenrechte-schweiz/inneres/asyl/umsetzung/rayonverbote-asylsuchende.
[80] Johannes Paul II., Dives in misericordia, 1.
[81] Vgl. Lk 10,30–35.
[82] Vgl. Joh 13,1–20.
[83] Die Pfingstsequenz ist im KG (Katholisches Gesangbuch der deutschsprachigen Schweiz) bei Nr. 493 zu finden, im CG I (Christkatholisches Gebet- und Gesangbuch) bei Nr. 682 und im Gotteslob bei Nr. 344.
[84] Vgl. Hans Conrad Zander, Als die Religion noch nicht langweilig war. Die Geschichte der Wüstenväter, Köln 2004.
[85] Gaudium et spes, 1.
[86] Julien Green, Jeder Mensch in seiner Nacht, München 1992, 135.
[87] Evangelii gaudium, 114.
[88] Vgl. dazu zum Beispiel http://w2.vatican.va/content/francesco/it/audiences/2014/documents/papa-francesco_20140910_udienza-generale.html.
[89] Walter Kasper, Barmherzigkeit. Grundbegriff des Evangeliums – Schlüssel christlichen Lebens, Freiburg i.Br. ^{3}2012.
[90] http://w2.vatican.va/content/francesco/de/angelus/2013/documents/papa-francesco_angelus_20130317.html
[91] Eine ausführliche Zusammenstellung des erschreckenden Befunds in: Walter Kasper, Barmherzigkeit. Grundbegriff des Evangeliums – Schlüssel christlichen Lebens, Freiburg i.Br. ^{3}2012, 216f., Endnote 35.
[92] Lk 1,72.78.
[93] Lk 1,54.
[94] Johannes Paul II., Der bedrohte Mensch und die Kraft des Erbarmens, Freiburg i.Br. 1981.
[95] Stanislaw Dziwisz, Ho vissuto con un santo, Milano 2014.
[96] http://www.vatican.va/gpII/documents/homily-pro-eligendo-pontifice_20050418_ge.html.
[97] http://www.vatican.va/holy_father/benedict_xvi/encyclicals/documents/hf_ben-xvi_enc_20051225_deus-caritas-est_ge.html.
[98] http://www.vatican.va/holy_father/benedict_xvi/encyclicals/documents/hf_ben-xvi_enc_20090629_caritas-in-veritate_ge.html.

[99] Walter Kasper, Barmherzigkeit. Grundbegriff des Evangeliums – Schlüssel christlichen Lebens, Freiburg i.Br. ^{3}2012, 18f.

[100] Walter Kasper, Das Evangelium von der Familie. Die Rede vor dem Konsistorium, Freiburg i.Br. 2014.

[101] Vgl. Miteinander die Glut unter der Asche entdecken, Einsiedeln ^{6}2013, 31.

[102] http://de.radiovaticana.va/news/2014/06/14/bischofssynode_in_rom:_die_logik_des_zuh%C3%B6rens/ted-806915.

[103] Vgl. zum Beispiel den Artikel „Kardinal Brandmüller beklagt ‚Chaos' in der katholischen Kirche" unter http://www.kath.net/news/45420.

[104] http://de.radiovaticana.va/news/2014/05/01/%E2%80%9Ewir_haben_noch_nicht_alles_gesehen/ted-795439.

[105] Vgl. Mt 7,29.

[106] Zum Beispiel: John Corbett O.P.; Andrew Hofer O.P.; Paul J. Keller O.P.; Dominic Langevin O.P.; Dominic Legge O.P.; Kurt Martens; Thomas Petri O.P.; Thomas Joseph White O.P., Recent Proposals for the Pastoral Care of the Divorced and Remarried: A Theological Assessment, in: Nova et Vetera, English Edition, Vol. 12, No. 3 (2014), 601–630. Die deutsche Übersetzung wird in Forum Katholische Theologie publiziert.

[107] Vergleiche dazu zum Beispiel das Erscheinen eines Buches von fünf Kardinälen unmittelbar vor der Bischofssynode: http://de.radiovaticana.va/news/2014/09/22/kardinal_kasper:_%E2%80%9Epastorale_herausforderung,_nicht_krieg_um/ted-826799.

[108] http://www.vatican.va/roman_curia/synod/documents/rc_synod_doc_20140626_instrumentum-laboris-familia_ge.html.

[109] http://de.radiovaticana.va/archivio.asp?data=26/04/2014.

[110] Vgl. RB 4,74.

[111] Evangelii gaudium, 3.

[112] Evangelii gaudium, 44.

[113] RB Vw 49.

[114] Vgl. Lk 18,9.

[115] Vgl. Mt 21,31.

[116] Vgl. Lk 6,7.

[117] Evangelii gaudium, 47.

[118] Evangelii gaudium, 208.

[119] Evangelii gaudium, 59.

[120] http://www.hightech-rating.ch/beichte.

[121] Evangelii gaudium, 60.

[122] Vgl. Otto F. Kernberg, Innere Welt und äussere Realität. Anwendungen der Objektbeziehungstheorie, München/Wien 1988.

[123] http://www.billionairecensus.com/home.php.

[124] Evangelii gaudium, 56.

[125] http://w2.vatican.va/content/francesco/de/messages/migration/documents/papa-francesco_20140903_world-migrants-day-2015.html.

[126] Evangelii gaudium, 67.

[127] http://www.vatican.va/holy_father/john_paul_ii/homilies/2000/documents/hf_jp-ii_hom_20000312_pardon_ge.html; http://www.vatican.va/roman_curia/congregations/cfaith/cti_documents/rc_con_cfaith_doc_20000307_memory-reconc-itc_ge.html#1.3_Die_Vergebungsbitten_Johannes_Pauls_II.

[128] RB Vw 15.

[129] RB Vw 45–47.

[130] Papst Franziskus an die Ordensoberen: http://www.laciviltacattolica.it/articoli_download/extra/Wake_up_the_world.pdf.

[131] Unter 22. Januar im Caritas-Abreißkalender des Deutschen Caritasverbandes für das Jahr 2014.

[132] http:/de.radiovaticana.va/news/2014/01/17/parolin_%C3%BCber_papst_franziskus,_menschliche_diplomatie_und_europa/ted-764909.

[133] Evangelii gaudium, 127.

[134] http://www.zeit.de/2012/31/L-Green-Jeder-Mensch-in-seiner-Nacht.

[135] http://www.who.int/mental_health/prevention/suicide/suicideprevent/en/.

[136] https://www.news.admin.ch/message/index.html?lang=de&msg-id=54331.

[137] Siehe letzter Beitrag unter: http://www.srf.ch/sendungen/tagesschau/russischer-einmarsch-notfallplan-afrika-weniger-auslandbanken.

[138] http://www.domradio.de/nachrichten/2014–08–28/wenn-die-kinder-den-gotteskrieg-ziehen-gibt-es-hilfe.

[139] Julien Green, Jeder Mensch in seiner Nacht, München 1992, 69.

[140] Julien Green, Jeder Mensch in seiner Nacht, München 1992, 71.

[141] Julien Green, Jeder Mensch in seiner Nacht, München 1992, 270.

[142] http://de.radiovaticana.va/news/2014/08/23/papst_an_treffen_von_rimini:_das_essentielle_nie_aus_den_augen/ted-821272.

[143] Julien Green, Jeder Mensch in seiner Nacht, München 1992, 162.

[144] Das Buch ist leider aus urheberrechtlichen Gründen bis jetzt nur in italienischer Sprache im Handel. Hier zitiere ich eine Übersetzung von Bernd Fisa für den privaten Gebrauch, die mir dankenswerterweise von diesem Freund von Stefano Borgonovo in Freundschaft zur Verfügung gestellt wurde.

[145] Vgl. dazu das sehr empfehlenswerte Buch: Klaus Mertes, Verlorenes Vertrauen. Katholisch sein in der Krise, Freiburg i.Br. 2013.

[146] Zum Beispiel in: Gabriella Loser Friedli, Oh, Gott! Kreuzweg Zölibat, Gockhausen 2014.

[147] Ps 47,2.

[148] Joh 2,5.

[149] RB 4,62.

[150] Evangelii gaudium, 151.

151 Papst Franziskus an die Ordensoberen: http://www.laciviltacattolica.it/articoli_download/extra/Wake_up_the_world.pdf.

152 Mt 23,13–15.

153 Vgl. Lk 18,9–14.

154 http://de.radiovaticana.va/news/2014/09/01/papstmesse:_%E2%80%9Edie_bibel_lesen_nicht_um_zu_lernen,_sondern_um_jesus_zu/ted-822712.

155 Joh 19,7.

156 Katechismus der Katholischen Kirche, Nr. 2089.

157 Mt 7,21.

158 Mk 3,35.

159 Mt 25,34.40.

160 Mt 25,41.45.

161 Novo millennio ineunte, 49: http://www.vatican.va/holy_father/john_paul_ii/apost_letters/2001/documents/hf_jp-ii_apl_20010106_novo-millennio-ineunte_ge.html.

162 http://www.vatican.va/holy_father/john_paul_ii/apost_letters/2001/documents/hf_jp-ii_apl_20010106_novo-millennio-ineunte_ge.html.

163 Cyprian von Karthago (+258), Aus dem Buch ‚Über die Sterblichkeit', in: Monastisches Lektionar II/2, St. Ottilien 1982, 501.

164 Gesang VII.

165 Gal 5,6.

166 So Kardinal Walter Brandmüller auf http://www.kath.net/news/47308. Gott sei Dank distanzieren sich einige Kommentare zum Artikel von einer solchen Kurzsicht.

167 Rüdiger Safranski, Goethe. Kunstwerk des Lebens, München 2013, 71.

168 Martin Werlen, Bahngleichnis, Einsiedeln ^{3}2014, 87.

169 Hubert Wolf, Die Nonnen von Sant'Ambrogio. Eine wahre Geschichte, München 2013.

170 1 Kor 3,16.

171 http://www.augustinus.de/bwo/dcms/sites/bistum/extern/zfa/textevon/ostern/sermo272.html.

172 http://kath.net/news/39749.

173 Vgl. zum Beispiel Mk 9,34.

174 Mk 10,43.

175 http://de.radiovaticana.va/news/2014/06/06/papst_franziskus_-_portr%C3%A4tiert_als_lehrer/ted-805020.

176 Lk 1,52.

177 Ulrich Harbecke, Der gottlose Pfarrer, Freiburg i.Br. 1995; Ulrich Harbecke, Der gläubige Kardinal, Düsseldorf 2004.

178 Süddeutsche Zeitung Magazin, 28. Februar 2014, 14.

179 Katechismus der Katholischen Kirche, Nr. 78.

[180] Ulrich Harbecke, Der gottlose Pfarrer, Freiburg i.Br. 1995; Ulrich Harbecke, Der gläubige Kardinal, Düsseldorf 2004.
[181] Evangelii gaudium, 31.
[182] Vgl. Evangelii gaudium, 159.
[183] Evangelii gaudium, 274.
[184] Evangelii gaudium, 158.
[185] Vgl. RB 57,2f.
[186] Silja Walter, Lied der Armut, in: Silja Walter, Gesamtausgabe Bd. 8, Fribourg 2003, 39. Diese Strophe des Gedichts aus frühester Zeit hat die Dichterin am Ende ihres irdischen Lebens mit zwei Strophen erweitert. Siehe: Ulrike Wolitz (Hrsg.), Ozean Licht. Festgabe für Silja Walter zum 90. Geburtstag, Fribourg 2009, 160.
[187] http://www.kath.net/news/46875.
[188] Julien Green, Jeder in seiner Nacht, München 1992, 108.
[189] Vgl. RB 61,4.
[190] Martin Werlen, Bahngleichnis, Einsiedeln [3]2014, 11.
[191] Lumen gentium, 11.
[192] http://www.vatican.va/roman_curia/congregations/ccdds/documents/rc_ con _ccdds_doc_20010507_liturgiam-authenticam_lt.html.
[193] RB 19,7.
[194] KG 509; RG 795; CG I 822; Gotteslob 481.
[195] Auf die Verlinkung verzichte ich aus verständlichen Gründen.
[196] Mt 5,23f.
[197] Lk 23,43.
[198] Mit einer solchen ‚Bitte' wurden schon viele Kardinäle, Bischöfe und Äbte von kath.net angegangen, so zum Beispiel Kardinal Walter Kasper nach seiner Rede vor den Kardinälen http://www.kath.net/news/45617.
[199] I Millenari, Wir klagen an. Zwanzig römische Prälaten über die dunklen Seiten des Vatikans, Berlin 1999, 25.
[200] Vgl. dazu http://www.kath.ch/skz/index.php?kz=3823.
[201] Agnes Timar, Berufung und Sendung, Vác 2012, 267.
[202] Vgl. Wie der Heilige Martin vom hohen Ross stieg. Die Anfänge der Martinsdarstellungen: Der Heilige Martin auf Augenhöhe mit dem Bettler, in: Diözese Rottenburg-Stuttgart (Hrsg.), Martinsland Rottenburg-Stuttgart, Rottenburg 2014, 8–15.
[203] Julien Green, Jeder in seiner Nacht, München 1992, 301.
[204] Mk 3,13–19, bis auf eine kleine, bzw. große Änderung.
[205] RB 60,3.
[206] Gesang XVII.
[207] Bruno Klein, Die gemalte Predigt – große Bildzyklen in Padua und Assisi, in: Rolf Toman (Hrsg.), Ars sacra, Potsdam 2010, 386.
[208] Bruno Klein, Die gemalte Predigt – große Bildzyklen in Padua und Assisi, in: Rolf Toman (Hrsg.), Ars sacra, Potsdam 2010, 387.

209 http://www.ciszterсimonostor.hu/indexc.php?id=unsere_geschichte.
210 Agnes Timar, Berufung und Sendung, Vác 2012, 180f.
211 Die Geschichte ist dokumentiert auf DVD Hitvallok&Ügynökök (Treue und Verrat), 2009.
212 Mt 9,11.
213 Lk 11,48.
214 Eine faszinierende Biographie: Andrew Graham-Dixon, Caravaggio. A Life of Sacred and Profane, London 2010.
215 Vgl. Stefano Zuffi, Caravaggio. The Stories of St Matthew, Mailand 2012.
216 Mt 9,9.
217 http://www.stimmen-der-zeit.de/zeitschrift/online_exklusiv/details_html?k_beitrag=3906412.
218 Aus der Lesung in der Lesehore am Fest des heiligen Matthäus am 21. September. Siehe: Monastisches Lektionar II/2, St. Ottilien 1982, 1081.
219 Motto meiner Abtszeit, zusammengesetzt aus dem ersten und dem letzten Wort der Benediktsregel.
220 http://www.vatican.va/holy_father/benedict_xvi/audiences/2009/documents/hf_ben-xvi_aud_20091007_ge.html.
221 http://de.radiovaticana.va/archivio.asp?data=25/07/2014.
222 http://de.radiovaticana.va/news/2014/08/25/premiere:_ein_papst_gr%C3%BC%C3%9Ft_die_waldenser/ted-821491.
223 http://de.radiovaticana.va/news/2014/08/14/die_ansprache_des_papstes_an_die_koreanischen_bisch%C3%B6fen/ted-819300.
224 Vgl. Gal 3,28.
225 Martin Werlen, Miteinander die Glut unter der Asche entdecken, Einsiedeln [6]2013, 34.
226 http://www.vatican.va/holy_father/john_paul_ii/apost_letters/1994/documents/hf_jp-ii_apl_19940522_ordinatio-sacerdotalis_ge.html.
227 Vgl. Apg 6,17.
228 Mk 3,35.
229 http://de.radiovaticana.va/news/2013/07/31/die_fliegende_pressekonferenz:_was_sagte_der_papst_w%C3%B6rtlich/ted-715813.
230 Evangelii gaudium, 103.
231 Evangelii gaudium, 104.
232 Gregor der Große, Buch II der Dialoge, St. Ottilien 1995, 189–193. Hier in der Übersetzung aus: Monastisches Lektionar. II/1, St. Ottilien 1981, 990f.
233 http://www.kloster-einsiedeln.ch/; http://www.kloster-fahr.ch/.
234 Priorin Irene Gassmann, Das Kloster Fahr heute, in: Alfred Borter u. a. (Hrsg.), Katholiken im Kanton Zürich. eingewandert, anerkannt, gefordert, Zürich 2014, 18f.
235 http://www.kipa-apic.ch/k257213.
236 http://de.radiovaticana.va/news/2014/09/02/vatikan:_%E2%80%9Ewir_sind_gar_nicht_frauenfeindlich%E2%80%9C/ted-822972.

[237] Porta fidei, 2.

[238] Aus dem noch unveröffentlichten Nachlass von Silja Walter.

[239] http://de.radiovaticana.va/news/2013/07/31/die_fliegende_pressekonferenz:_was_sagte_der_papst_w%C3%B6rtlich/ted-715813.

[240] Vgl. Papst Franziskus an die Ordensoberen: http://www.laciviltacattolica.it/articoli_download/extra/Wake_up_the_world.pdf.

[241] Vgl. Martin Werlen, Miteinander die Glut unter der Asche entdecken, Einsiedeln [6]2013, 34.

[242] Walter Kasper, Das Evangelium von der Familie. Die Rede vor dem Konsistorium, Freiburg i.Br. 2014, 86–88.

[243] http://www.kerknet.be/admin/files/assets/subsites/4/documenten/SYNODE_UBER_DIE_FAMILIE_D.pdf.

[244] Julien Green, Jeder in seiner Nacht, München 1992, 277.

[245] Vgl. David Berger, Der heilige Schein: Als schwuler Theologe in der katholischen Kirche, Berlin 2010.

[246] KKK, 2357–2359.

[247] http://de.radiovaticana.va/news/2013/07/29/frauenpriestertum,_lobby_gay,_reisepl%C3%A4ne:_die_fliegende/ted-715105.

[248] RB 41,5.

[249] http://de.radiovaticana.va/news/2014/08/19/franziskus_ist_bereit_zu_einer_reise_in_den_nordirak/ted- 820377.

[250] http://www.kipa-apic.ch/k251346.

[251] Papst Franziskus, Mein Leben. Mein Weg. El Jesuita. Die Gespräche mit Jorge Mario Bergoglio von Sergio Rubin und Francesca Ambrogetti, Freiburg i.Br. 2013, 72f. Ein Buch, das hilft, das Leben und Denken des Papstes ‚vom Ende der Welt' zu verstehen.

[252] http://w2.vatican.va/content/francesco/de/speeches/2014/may/documents/papa-francesco_20140525_terra-santa-celebrazione-ecumenica.html.

[253] http://w2.vatican.va/content/francesco/de/speeches/2014/may/documents/papa-francesco_20140525_terra-santa-celebrazione-ecumenica.html.

[254] http://w2.vatican.va/content/francesco/de/speeches/2014/may/documents/papa-francesco_20140525_terra-santa-celebrazione-ecumenica.html.

[255] http://w2.vatican.va/content/francesco/de/speeches/2014/may/documents/papa-francesco_20140525_terra-santa-celebrazione-ecumenica.html.

[256] http://w2.vatican.va/content/francesco/de/audiences/2014/documents/papa-francesco_20140528_udienza-generale.html.

[257] Julien Green, Jeder in seiner Nacht, München 1992, 301.

[258] Martin Werlen, Gebet, in: Gerda Schaffenhofer (Hrsg.), Gebete für Papst Franziskus, Wien 2014.